아빠, 글쓰기 좀 가르쳐 주세요

북네스트

초등 고학년–중학생을 위한 실전 작문법

아빠, 글쓰기 좀 가르쳐 주세요

김래주 지음

저자의 편지

평생 따라다닐 글쓰기, 차라리 먹어 버리자

글쓰기는 특별한 재능을 가진 사람만의 특기가 아니라 작문 원리를 익히면 누구나 잘 할 수 있습니다. 그러나 대다수 사람들은 정식으로 작문법을 배운 적 없이 그냥 씁니다. 그러다 보니 자신의 생각을 잘 표현할 수 없고, 분량을 부담스러워 하고, 결국은 글을 못 쓰는 사람으로 남게 됩니다.

그런데 글쓰기는 그렇게 포기하고 말 수가 없습니다. 학교의 주관식 시험, 입시 논술, 자기소개서, 대학에서의 논문, 사회인이 된 뒤 회사에서의 기획서와 보고서 등 글솜씨는 평생을 따라다닙니다. 피할 게 아니라 이겨 버려야 할 대상인 것입니다.

당장 학교에서도 글쓰기는 국어뿐 아니라 모든 과목에 관계됩니다. 글을 계획하고 쓰는 과정을 통해 핵심을 잡아내는 감각, 사고력, 표현력이 자라니 우등생이 되는 기본 바탕이라고 할 수 있습니다.

독서논술 역시 글쓰기가 바탕이 됩니다. 일부 학원에서 가르치는 요령 위주의 논술 강의는 좋은 방법이 아닙니다. 외우기식으로 익힌 틀에서 조금만 벗어나면 혼란에 빠질 수 있어 모래 위에 짓는 집과 같기 때문입니다.

글쓰기는 축구로 치면 팀전술과 개인기의 화합입니다. 팀전술이 글설계라면 개인기는 바른 문장법입니다. 그저 열심히가 아니라 작문 원리를 올바로 배우고, 그 위에 실전을 쌓아 갈 때 실력이 향상될 수 있습니다.

이 책은 작문이 안 되는 초등·중학생, 자녀의 글쓰기를 지도하고 싶은 학부모 및 작문 교사를 위해 기획했습니다. 학교 선생님, 학원 강사 대개는 제대로 글(산문)을 써 본 적 없이, 또는 현재도 쓰지 않으면서 글쓰기를 가르칩니다. 해보지 않고 쓰기의 실질을 어찌 전할까요.

이 책은 글쓰기를 직업으로 하는 사람으로서 경험하고 느낀 '양적으로는 20~30%이되 효과 면에서는 80% 이상'일 실전 노하우(Know-how)를 전하는 데 초점을 두고 있습니다. 본문은 저자가 잡지 편집장으로 일할 때 신입기자들을 지도한 경험을 살려 초등 고학년~중학생들의 눈높이에 맞춰 썼습니다.

신입기자들을 포함해 글쓰기 초보자들이 공통적으로 못하는 것들이 있습니다. 그런 부분을 고쳐 주니 정말 실력이 쑥쑥 느는 걸 보았습니다. 그 발견을 이번엔 어린 학생들, 그리고 학부모들과 나누고자 합니다. 예문도 아이들이 쓴 글에서 많이 가져와 더 실감 나게 했습니다.

딱딱한 작문 이론이 아니라 글쓰기가 서툰 사람에게서 나타나는 대표적인 문제들을 바로잡아 글을 더 잘 쓰게 하는 데 목적을 둡니다. 글쓰기의 절반인 글설계법 지도와 한국인이 한국어에서 가장 많이 틀리는 어법 바로잡기! 목표는 크게 이 두 방향입니다.

글쓰기에 관한 한 이 책은 가장 효율적인 지도서가 될 것입니다. 작문력을 높이는 계산된 순서의 단원을 배치해 순서대로 따라가다 보면 자연스레 성과를 얻을 수 있도록 했습니다. 그리 많은 내용이 아니니 한 과정씩 익혀 "아, 나도 되는구나" 하는 행복한 시간을 누릴 수 있기를 기대합니다.

2016년 5월

추천사

손에 잡히는 실용적인 글쓰기 지도서

　우리는 어떤 식으로든 늘 읽고 쓰는 생활을 하고 있지만, 막상 제대로 된 글을 한 편 쓴다는 게 얼마나 힘든 일인지 잘 압니다. '글쓰기만큼 어려운 게 이 세상에 또 있을까?' 대부분 사람들의 공통된 생각일 겁니다.
　저 또한 국어를 가르치며 대학 강사와 중고등학교 교사로 학생들과 오랜 시간을 함께해 왔습니다. 여러 종류의 글을 접하며 분석, 평가하기도 하고, 자의든 타의든 이런저런 글들을 써 보았습니다. 그러나 지금도 피할 수만 있다면 피하고 싶은 게 솔직한 심정입니다. 학생들을 향해서는 글쓰기의 중요성을 강조하면서도 스스로는 부담스러워 할 수밖에 없는 상반된 모습에 놀라기도 합니다.

　저자의 《아빠, 글쓰기 좀 가르쳐 주세요》를 읽어 보고 드는 첫 번째 느낌은, 글쓰기의 핵심 노하우를 간단명료하게, 명쾌한 문체로 서술하고 있다는 신선함입니다. 역시 기자로 소설가로 활동하면서 쌓은 내공과 다양한 글쓰기 지도 경험이 그대로 녹아든 느낌입니다.
　전문 학자나 이론가들의 책과는 확실히 차별되는 실용적인 지도서라서 학생들이 쉽게 익힐 수 있고, 학부모나 교사 역시 쉽게 글쓰기 지도의 맥을 잡을 수 있을 것 같습니다. 저자가 "초등생은 부모가 읽고 지도, 중학생 이상은 혼자 익힐 수 있습니다."라고 언급한 것이 결코 빈말이 아님을 알겠습니다.

두 번째는, 내용을 설명하는 문장이 마치 물 흐르듯 자연스럽고, 마주 앉아 얘기하듯 빨려 드는 느낌이 들었습니다. 거기다 예문 역시 아주 설득력 있게 제시하고 있고, 필요시 바른 문장, 좋은 문장으로 고쳐 쓴 것 역시 매우 효율적으로 보입니다.

　어려운 것을 어렵게 설명하지 않고, 쉽고 간결하게 설명하는 글쓰기 지침서는 현실에서 보기 드무니 이 책의 가치가 더욱 돋보입니다. 주위에서 이 책이 제대로 눈에 띄기만 한다면 많은 이들의 인기를 독차지하지 않을까 기대해 봅니다.
　평소의 작문, 논술이나 보고서, 자기소개서 등 실용적인 글쓰기에 목마른 사람이 생각보다 많습니다. 글쓰기를 목적으로 출간된 책이 서점을 채우고 있지만 막상 손에 딱 잡혀서 애착이 가는 지침서는 흔치 않습니다.
　저자의 이번 책은 내용의 실용성과 효율 면에서 글쓰기 법을 한 매듭 지을 수 있는 큰 족적이 되지 않을까 생각됩니다. 오랜 시간과 싸운 귀한 결과물이 독자들에게 좋은 선물이 되기를 기대합니다.

박근호(중등학교 국어교사)

추천사

학생 글쓰기 지도에 유별난 사랑 녹여낸 책

　수년 전, 초등학생을 대상으로 한 백일장에서 작가 몇 분과 심사를 맡은 적이 있다.
　대충 비슷한 편수로 나눈 원고를 각자 심사하여 우수작 몇 편으로 좁힌 뒤 같이 협의해 등위를 가리기로 했는데, 한 심사위원 때문에 예정된 시간의 배를 넘기고 말았다. 나를 포함해 대부분의 심사위원들이 후다닥 원고를 훑어보고는 눈에 띄는 몇 편을 일찌감치 고른 반면, 유독 한 분의 선정 작업이 늦어졌기 때문이다.
　그때 그의 심사하는 모습을 어깨너머로 보게 됐는데, 어린이들의 서툰 원고에 빨간 펜으로 꼼꼼히 수정 지시를 써 넣으며 간단한 심사평까지 달아 주고 있었다. 그때 심사위원이 바로 김래주 작가다.

　저자가 아이들에게 남다른 사랑을 갖고 있는지, 아니면 글쓰기 지도에 특별한 애착을 갖고 있는지 나는 정확히 모른다. 그러나 저자의 학생 글쓰기 지도에 대한 관심은 다른 이들과 확연하게 구별되는 '특별한 사랑'임은 장담할 수 있다.
　이 책의 페이지마다에는 저자의 글쓰기 지도에 대한 노하우와 '특별한 사랑'이 고스란히 녹아 있다.
　말과 글은 '의사 전달'이라는 공통된 기능에서 출발한다. 뛰어난 말솜씨와 좋은 글이 듣는 이나 읽는 이를 이해, 설득시키는 기능을 갖는 것도 유사한 점이다.

그러나 그 전달의 끝에는 차이가 있다. 말이 주는 최고의 경지가 '감동'이라면 훌륭한 글은 '작품'으로 승화된다.

그런 의미에서 '글'은 '그림'과 유사한 점이 많다. 이 책은 글 '그리기'의 섬세한 안내서이자 지침서다. 글의 구도 구상, 밑그림 스케치의 요령, 색채 입히기에서부터 마무리까지 다양한 예문으로 쉽게 설명해 주고 있다.

저자는 어린 독자들을 염려하여 초등생은 부모가 읽고 지도하면 좋겠다 말하고 있지만 설명이 쉬워서 초등 고학년생 정도면 혼자서도 이해하는 데 무리가 없어 보인다.

그러면서 글쓰기 지도서로서의 실용성이 매우 뛰어나 학교 선생님이나 작문 교사가 지도 교재로 활용해도 좋을 듯하다.

이 책을 제대로 익힌 독자라면 '등굣길에 노란 은행잎이 수북했다.'라고 적던 일기를 '간밤의 가을비가 노란 장판지를 곱게 깔아 놓았다.'라고 표현해 우연히 훔쳐(?) 읽게 된 어른들을 놀라게 할지도 모른다.

임채준(드라마 작가)

차례

Part 1. 글쓰기의 절반은 설계다

제1강_ 원리를 알아야 즐거운 쓰기가 됩니다 (첫째 주)

[원리도 가르쳐 주지 않은 채 무작정 쓰게 하는 학교. 배우지 않았는데 어떻게 잘 쓸까]

- 글쓰기 왜 어려운 걸까 ·· 016
- 생각 끌어내기…… 어른들이 막고 있어요 ······················ 022
- 글은 요리! 재료가 같아도 맛이 다르잖아요 ···················· 023
- 글은 계획된 설계에 의한 것 ·· 025
- 맞춤법은 당장의 문제가 아닙니다 ·································· 027

제2강_ 좋은 글은 이런 게 갖춰져 있답니다 (둘째 주)

[잘된 글의 몇 가지 조건을 통해 글쓰기의 큰 틀을 알게 하는 장]

- 너무 넓게 달리지 않고 이야기를 집중시킨다 ·················· 028
- 단편적 늘어놓기가 아니라 연결된 생각 펼치기 ·············· 032
- 그림이 느껴지는 글 ·· 033
- 잘 쓰는 사람은 단락 속 보조문이 풍성하다 ···················· 037
- 문장이 간결하다 ··· 040
- 인상적인 한 대목이 전체를 돋보이게 한다 ······················ 042
- 문장 끝이 분명하다 ·· 043

제3강_ 주제는 어떻게 담는 것일까요? (셋째 주)

[주제는 내가 전하고 싶은 중심적인 생각이고 소재는 주제를 표현할 글감]

- 주제 설정은 글쓰기의 핵심 전략이다 ······························ 050
- 글감(소재)을 잘 뽑아야 주제가 살죠 ······························· 053
- 뻔한 전개를 피하려면 이야기를 좁혀라 ·························· 056
- 내가 공감하는 얘깃거리여야 한다 ·································· 057

- 리얼리티와 갈등 요소가 주제를 힘 있게 한다 ·············· 059
- 삐딱하게 생각한다고 나무라지 마세요 ················· 061

제4강_ '이야기나무'를 키워 보세요 (넷째 주)

[선택한 글감과 연관되는 글재료들을 미리 메모해 글쓰기 전 단계의 틀을 잡아 보자]

- 이야기나무가 글을 짜임새 있게 합니다 ················ 064
- 이야기나무로 글의 결과를 예상해 볼 수 있어요 ·········· 069
- 분량 부담, '살아 있는 에피소드'로 넘으세요 ············ 070
- 이야기나무, 완전히 내 것으로 굳히세요 ··············· 075

제5강_ 실제 쓰기를 위한 마지막 전략 (다섯째 주)

[다 만든 이야기나무를 바탕으로 실제 쓰기를 점검하며 떠오르는 본문용 문장도 적어 보자]

- '전'에 담을 이야기는 좀 더 확실하게! ················· 078
- 전체적인 연결성과 분량 안배 점검 ··················· 081
- 미리 마음으로 글을 써 보세요 ······················ 082
- 신문 기사의 피라미드 구조에서 배운다 ················ 083
- 두괄식, 미괄식 정도는 알아 두자 ···················· 086

책 속 특강 독후감과 독서논술의 차이

- 독후감은 줄거리 쓰기가 아닙니다 ···················· 088
- 독서논술을 알기 위한 '논술' 이야기 ·················· 091
- 독서논술 쓰는 법 ································ 095
- 동화를 통한 독서논술 핵심 잡기 ···················· 097

Part 2. 실전 테크닉… 쓰기는 이렇게!

제6강_ 첫 단락은 글에 대한 첫인상! (여섯째 주)

[첫 단락에 실패하면 읽는 이에게 나쁜 인상을 주어 뒤의 본문을 안 읽게 될 수 있다]

- 처음 다섯 줄이 성공해야 읽는 이를 잡아요 ················ 107
- 무겁지 않으면서 울림이 있게 시작하세요 ················ 108
- 아동서와 초등학생 글에서 찾은 바른 방향과 나쁜 방향 ········ 110

제7강_ 주술관계, 어순관계 제발 신경 쓰세요 (일곱째 주)

[문장의 기본 뼈대, 그러나 무심결에 놓치는 주어와 술어 오류]

- 우리말 문법 용어, 의미 정도는 알아야! ················ 116
- 주어와 술어를 바로 이어 보면 답이 보이죠 ················ 120
- 복합문이 문장을 흔들리게 하니 조심하세요 ················ 122
- 이중 주어, 이중 술어에 실수하지 않기 ················ 123
- 긴 문장일수록 주술관계 명확히 해야 ················ 125

제8강_ 바른 문장을 위한 열 가지 핵심 수칙 (여덟째 주)

[한국인이 한글 쓰면서 가장 많이 실수하는 것들. 이것만 잡아도 수준이 쑥!]

- 글은 '주거니 받거니'의 연속 ················ 128
- 능동과 수동, 한 문장에 섞어 쓰지 마세요 ················ 130
- 하나의 문장에 하나의 생각을! ················ 131
- 두 가지로 해석되는 이상한 문장 ················ 132
- 잘못된 표현, 틀린 사실의 사용 ················ 134
- 단어 하나, 토씨 하나가 문장 전체를 어색하게 합니다 ········ 135
- 괜한 접속사가 문장의 리듬을 끊어요 ················ 138
- 같은 단어나 조사가 겹치지 않게 하세요 ················ 139

- 수동문 남발, 이중 수동은 나쁜 문장으로 가는 길 ············ 141
- 우리말 문장에서의 시제 ································· 142

제9강_ 쉽고 간결한 글이 강한 글이다 (아홉째 주)
[짧고 쉬운 문장은 잘 쓰는 사람들의 대표적인 공통점이다]

- 한눈에 냉큼 읽히지 않으면 나쁜 문장이에요 ············ 144
- 이중 부정은 되도록이면 쓰지 마세요 ··················· 146
- 추상어보다는 구체적 표현을 담아서 ··················· 147
- 설명보다는 상황 묘사가 더 감동을 준답니다 ············ 148
- 수식어는 강조어 또는 긴 수식어를 먼저 쓴다 ··········· 149
- 다양한 끝말로 맛을 달리해 보세요 ····················· 149
- 단락을 잘 끊어야 정돈감이 살아요 ····················· 151
- 숫자 표기, 이렇게 정리하세요 ························· 152

제10강_ 마무리는 버리기와 여운 주기! (열째 주)
[글을 세련되게 하는 최후의 무기. 반드시 챙겨야 할 퇴고]

- 끝까지 왔다고 다 쓴 게 아니에요 ······················ 154
- 문장을 10% 짧게 줄이며 마쳐 보세요 ··················· 155
- 여운을 주는 끝맺음 방법 ······························ 158
- 제목도 한 번 더 검토를! ······························ 163

부록 최소한의 맞춤법
- 띄어쓰기 원칙 ······································· 168
- 틀리기 쉬운 단어들 ·································· 174

일러두기

- 이 책은 순서별(**기본 10주, 1주 2시간×2회**) 학습을 통해 자연스럽게 작문 능력이 향상되도록 구성되어 있습니다. 차례에 맞춰 학생 지도용으로 쓸 수 있으며, 혼자 공부하는 분은 각 단원에 대한 이해와 함께 과제(연습 등)도 꼭 수행하기 바랍니다.

- 이 책은 성인(부모)에게도 도움이 될 수 있습니다. 어른이 아이들보다 경험과 사고력이 앞선다고 글도 더 잘 쓰는 건 아닙니다. 글쓰기는 나이가 아니라 작문 원리를 알아야 늘 수 있으니까요.

- 예문은 동화, 교과서, 저자가 강의한 문화센터 수강생 글 등에서 뽑았습니다. 학생 예문은 원문 그대로를 보여 주기 위해 수정 없이 실었으며 개인정보 보호를 위해 이름과 학교명 일부만 밝혔습니다. 아이들의 글은 문장을 꼬지 않아서 작문 공부에 좋은 참고가 되니 절대 가볍게 대하지 말기 바랍니다.

Part **1**

글쓰기의 절반은 설계다

글을 잘 쓰는 사람은 글설계에 강합니다.
요리사가 신선한 재료를 찾듯 좋은 글감을 고를 줄 알고,
그 안에 담을 얘깃거리를 모으고, 글을 펼칠 순서를 정하고,
감동 또는 설득의 펀치가 될 핵심 대목을 준비하고,
읽은 이에게 전해질 전체적 느낌을 예상해 보고…….
한마디로 글에도 작전이 필요합니다.
빠르게 죽죽 써 내려가는 것을 자랑하는 사람도 있지만
그렇게 쓰는 글은 모래 위에 짓는 집과 같습니다.
좋은 글을 쓰기 위한 작전 짜기. 어떻게 할까요?
본문 안으로 들어가 내 것으로 만드세요.

원리를 알아야 즐거운 쓰기가 됩니다

> 작문 원리도 가르쳐 주지 않은 채 무작정 쓰게 하는 학교. 배우지 않았는데 어떻게 잘 쓸까.

글쓰기 왜 어려운 걸까

어느 어린이백일장에 심사위원으로 갔다가 본 풍경입니다. 시상식이 끝나고 대회장 한쪽 구석에서 한 엄마가 아이에게 하는 말을 스쳐 듣게 되었습니다.

"정신 차려서 잘 좀 쓰지. 어떻게 일곱 명이나 받는 장려상에도 못 드니?"

그 엄마의 말은 한동안 내 귓가에 남았습니다. 글쓰기가 과연 정신 차린다고 잘할 수 있는 일인가 하고. 글은 그런 문제가 아니라 원리를 알아야 잘 쓸 수 있습니다. 이 책을 기획한 동기입니다.

글쓰기는 어른이나 아이나 표현하는 방법을 모르면 사실 별반 다를 게 없습니다. 대학생이 중학생보다 단어는 더 많이 알겠지만 못 쓰는 경우도 허다합니다. 학부모 중에도 속으로 뜨끔할 분들이 있을 겁니다. 언제 글을 써 봤나 싶고, 글쓰기가 서툰 자녀를 도와주려 해도 어떻게 해줘야 할지 대책이 안 서는 거죠.

글의 전체 구성이나 짜임에 대해 진단을 내리지 못하면 당연히 난처할 수밖에 없습니다. 이 책에서 중요하게 다룰 내용인 '글설계', '이야기나무'와 같은 말을 일단 머릿속에 담아 두십시오.

글쓰기가 안 되는 또 한 이유는 문장으로 쓰는 한국어가 생각보다 어렵기 때문입니다. 주어와 술어(문장을 끝맺는 말) 관계, 단어 순서, 잘못 쓰면 문장 자체를 이상하게 만드는 조사 등과 같은 요소들이 속을 썩이죠.

물론 어디가 틀렸는지도 모른 채 그냥 쓰는 사람들도 엄청 많습니다. 같은 한국인이니 의미야 통하겠지만 바른 쓰기법을 몰라서는 결코 좋은 글을 쓸 수 없습니다. 특히 시험 또는 논술 같은 글에서라면 당연히 불이익감입니다.

글쓰기는 넘어야 할 벽입니다. 소질이 없다고요? 그래도 포기할 수 없는 게 글쓰기입니다. 학교의 주관식 시험 답안도 정돈된 글, 바른 문장에 더 점수가 갈 것이고, 입시 논술은 그 순간 가장 중요한 독자인 채점자를 만족시켜야 할 것입니다.

그뿐인가요? 나중에 직장에서의 기획서, 보고서는 승진과 연봉을 좌우할 수도 있습니다. 그런데 어떻게 '난 소질이 없어' 하고 포기할 수 있겠는지요.

사람들이 글쓰기를 어려워하는 이유가 뭘까요? 정식으로 배운 적이 없기 때문입니다. 학교에서 영어는 가르치면서 국어 작문법은 제대로 가르치지 않습니다. 원인은 학교 선생님 역시 정식으로 글쓰기를 배우지 않았고, 스스로 산문을 써 본 경험이 별로 없는 데 있는 것 같습니다.

그런데 아이가 학교에 입학하면 곧바로 일기다, 독후감이다 하여 쓰기에 내몰리는 게 현실입니다. 그렇게 시작한 글쓰기가 재미있을 턱이 없지요.

글은 말과는 다른 문어(文語)입니다. 당연히 많은 차이가 있습니다. 그 차이를 가르쳐 주지 않은 채 잘 쓰기만을 강요받는 아이들. 일부 소질 있는 아이들은 스스로 길을 찾아가지만 대부분은 먼저 질리고 맙니다. 어른들도 그렇게 커 왔습니다. 사실은 억울한 거죠.

오랫동안 글을 써 온 사람으로서 무얼 가르칠까 생각해 봤습니다. 직접 쓰며 익히고 많은 이들의 글을 대하면서 느낀 것이 있습니다. 글쓰기를 못하는 사람에게서 나타나는 대표적인 문제들, 한국어를 쓰면서도 한국인이 제일 못하는 것들을 고쳐 주고자 합니다.

그런 만큼 독자를 부담스럽게 하고 활용성도 낮은 것들은 책에 담지 않을 것입니다. 10만 단어의 영어사전 속에서 필수 2,000 단어만 알아도 영어를 구사할 수 있듯 글을 쓰는 데 꼭 필요하고 자주 활용되는 핵심 원리를 깨우쳐 주려 합니다.

그래서 서문에서 '양적으로는 20~30%이되 효율은 80% 이상일 실전 노하우'를 전하겠다 했습니다.

그런 만큼 독자들도 부담 없이 따라오시면 됩니다. 특히 자녀의 글쓰기 지도용으로 이 책을 활용하려는 학부모는 최고의 선생님이 될 수 있습니다. 자녀의 생각과 학습 태도, 장단점을 제일 많이 알고 있으니까요.

그럼 글쓰기 이야기를 본격적으로 열어 보겠습니다.

아래는 두 명의 초등학생이 쓴 글의 일부입니다. 자녀의 작문 실력은 두 개의 글 중 어느 쪽에 가까운지, 평소 자녀의 글솜씨와 비교해 보시기 바랍니다.

 초등학생의 글 예 1

○ 독후감 〈책 먹는 여우〉(고양시 어린이백일장 6학년 박○○)

> 나는 이번대회에 나가기위해 책 먹는 여우를 보게되었다. 먼저 책 먹는 여우는 제목 그대로 책을 여우가 먹는것이다. 내가 책을 읽는것은 좋아하지만 책을먹는것은 영 책 먹는 여우를 본뒤 책을 한번 물고 씹어보았다. 6학년이나 된 내가 이런짓을하면 친구들이 이상하다고 생각하겠지만 아인슈타인도 엉뚱한 상상이 기발한상상으로 변하기때문에 나도 기발한 상상이라고 생각하고 씹었는데 이게 뭔맛인지. 내가 아무리 먹을것을 좋아한다고 하지만 이것은 영 그래도 생물은 다 다른것이니까 맛있을수도있겠구나. 여우는 도서관에서 몰래 책을 먹다가 걸려서 책을 맘놓고 먹을수 있는 도서관에서도 오지마라고 하니까 슬픈것같기보다는 삶을살아감으로서 꼭 필요한 것을 잃어버린 느낌일것같다. (이하 생략, 원고지 총 5매)

→ 책에 대한 이해, 단락 구분, 맞춤법 모두 아니 아니! 좀 심한 예를 골랐지만 백일장 심사를 나가 보면 4~6학년 어린이 절반 이상이 이런 글을 쓴다. 학년이 올라가면 저절로 개선될까? 그렇지 않다는 게 더 큰 문제다.

 초등학생의 글 예 2

○ 작문 〈한글과 외계어〉(고양시 문△초등학교 6학년 신○○)

> "아나, 열나 짱나!" "야, 솔까말해서……."
> "열공 모드다~!" "흑, 흑, 2PM 오빠들 지못미."
> 이게 대체 무슨 말일까? 한글로는 쓰여있지만 듣도보도 못한 외계어들…….
> 이런 말들은 대체 누가 만든 걸까? 아마 이 세상의 누구도 이 질문을 확실히 답해주진 못할것이다. 하지만 우린 짐작할순 있다. 이 모든 중심에는 10대들이 서있다는 것을 말이다. 온라인 채팅, 쪽지나 아이들이 쓰는 글, 평범한 대화 와중에도 외계어는 마구 쏟아져 나온다.
> 아이들, 아니, 사람들은 왜 줄임말을 계속 쓸까? 이 질문에 대한 답은 매우 여러가지이다. 이제 그 중 몇가지를 예로 들어 보자.
> 첫 번째 예는 시대적 배경이다. 지금 현재 21세기는 스피드. 모든 사람들이 빨리 빨리를 외치는 지금, 살아남기 위해서는 똑같이 행동할수 밖에 없다. 행동이 빨라지다 보니 저절로 말까지 빨라지고, (중간 생략)
> 이번엔 두번째. 바로 통신의 발달이다. 문자, 인터넷 채팅, 전화 등 최대한 많은 말을 한꺼번에 빨리 전달하기 위해서 줄임말, 외계어가 생겨난 것이다. (이하 생략, 원고지 총 5매)

→ 어지간한 고교생보다 낫다. 눈길을 끄는 도입, 공감 가는 문제 제시, 나름대로 분석이 바탕된 진단, 안정된 표현력과 비교적 정확한 문장. 많은 아이들 글을 대해 본 결과 전체 가운데 10% 이내 수준이다.

생각 끌어내기······ 어른들이 막고 있어요

글을 잘 쓰는 사람은 마음이 자유롭습니다. 그런데 아이들의 글을 보면 표현을 켕겨하여 두루뭉수리 쓰는 경우가 많습니다. 예를 들어 '컴퓨터게임이 좋은 점', '학원 가기 싫은 이유', '실컷 놀아 봤으면' 같은 생각도 분명히 있을 텐데 글로는 거의 표현하지 않습니다.

왜 그럴까요? 아마도 어른들이 그렇게 이끈 것 같습니다. 부모님과 선생님으로부터 흔히 듣는 '하지 마', '이건 안 돼'의 반복이 아이들의 자유로운 생각을 막습니다.

눈치 보는 마음은 글에서도 그대로 드러납니다. 좋은 얘기만 쓰고 비판적인 표현을 꺼리는 게 그런 모습입니다. 대학입시 때 필요한 논술의 생명은 '비판하는 힘'인데 어릴 때부터 오히려 막혀 있는 거죠.

자유로움이 막힌 문장의 대표적인 예는 '······해야겠다'와 '······것 같다' 식의 맺음입니다. 앞의 표현은 무언가의 개선을 바탕에 깔고 있는 다짐투이고, 뒤의 표현은 분명함이 빠진 말입니다. 이게 습관 된 아이들은 심지어 자신의 마음도 '것 같다'라고 씁니다. "놀이공원에 가서 신나는 거 같아요." 자녀가 이런 말과 문장을 수시로 쓴다면 부모부터 반성해야 합니다.

마음의 자유가 막혀서는 상상력이 풍부한 글을 쓸 수 없습니다.

아이의 마음을 통제하기보다는 부모부터 도와줄 수 있어야 합니다. 방법은 아이의 입장에 맞춘 눈높이 대화를 많이 하는 겁니다. 독서 소감이든 만화영화 이야기든 친구에 대한 것이든.

　아이의 글에 불분명하거나 대충 건드리고 넘어가는 표현이 잦다면 차라리 기회로 삼으세요. "OO가 싫다고 썼네. 기왕이면 왜 그렇게 생각하는지 예도 들면서 더 자세히 써야 니 생각이 잘 전달되지.", "이 부분과 관련해 어떤 일이 있을까, 우리 같이 찾아볼까?" 하고 옆에서 자꾸 마당을 펼쳐 주어야 생각이 끌려 나옵니다.

　아이의 속 깊은 마음을 알게 되어 또 다른 대화 소재를 얻게 된다면 그건 덤이고요. 단, 대화로 이해를 나누되 의무감을 지우거나 강요하듯 하는 건 부적절합니다. 그러면 마음이 또 닫히고 말 테니까요.

글은 요리! 재료가 같아도 맛이 다르잖아요

　비슷한 재료로 음식을 만드는 두 사람이 있습니다. 피자, 엄마표 김치, 고기볶음, 무침 등 무엇이든 상관없습니다. 재료는 같은 가게에서 산 채소, 고기, 양념이라고 치겠습니다.

　그렇지만 두 사람이 만든 음식은 같지 않습니다. 보기만 해도 침이 꿀꺽 넘어가고 맛도 좋은 상차림이 있고, 반대로 모양도 나쁘고 맛도 그저 그런 상차림이 있을 수 있습니다. 같은 재료로 만들었고 영양분도 거의 같은 거라고 아무리 소리쳐 봐도 손이 가지 않는 음식은 가치가 없습니다.

　요리를 하는 사람은 따지는 게 많습니다. 간은 소금을 쓸 때와 간장을 쓸 때가 따로 있고, 채소는 종류에 따라 데치는 정도를 달리하고, 찌개는 고추장이 어울리는 게 있고 고춧가루가 어울리는 게 있고, 익히기는 센 불을 이용할 때와 은근한 불에 오래 우려야 할 때가 있고……. 그 결과가 음식의 모양과 맛으로 드러납니다.

글도 요리와 같습니다. 같은 소재를 다루어도 더 호소력 있고 감동을 주는 글이 있고 횡설수설한 글이 있습니다. 그 차이는 많은 경우 글의 설계에 의해 갈립니다. 어떻게 작전(글설계)을 짜고, 작전을 수행할 무기(문장)를 갖느냐에 따라 글의 전달력이, 감동이, 맛이 달라집니다.

수필을 일러 흔히 붓 가는 대로 쓴다 하지만 수필가 역시 글을 쓰기 전에 어떤 이야기를 어떤 방식, 어떤 순서로 쓸 건가를 계획합니다. 장편소설처럼 긴 글은 더 방대한 설계를 하게 되며 아이들이 쓰는 5장짜리 원고 역시 설계가 먼저여야 합니다.

> 글짓기는 요리와 비슷합니다. 아무리 재료가 싱싱해도 요리법을 모르면 좋은 요리를 못 만듭니다.

우리는 이 책을 통해 그 방법을 공부하게 될 것입니다.

글쓰기는 계획된 설계에 의한 것

TV드라마 얘기 잠깐 하겠습니다. 모든 드라마에는 공통점이 있습니다. 매회 한창 재미있을 만하면 감질나게 끝난다는 사실입니다. 그래서 다음을 기다리게 합니다. 여기에는 방송국 사람들의 전략이 숨어 있습니다.

그들의 전략에는 흔히 '기승전결(起承轉結)'이 이용됩니다. 학교에서 기승전결에 대해 배웠나요? 글쓰기의 대표적인 기본 전략입니다. 글을 여는 '기', 이야기를 키워 가는 '승', 전체 이야기의 최고점에 해당하는 '전', 마무리로 가는 '결'!

총 20회짜리 드라마라면 전체 기승전결이 있고, 하루치 방송에도 기승전결이 있습니다. 그런데 연속극은 매회 '기승전결'이 아니라 '결기승전'으로 장면이 배치됩니다. 주인공이 위기에 처하거나 가장 아슬아슬한 부분을 끝에 배치하고 결과는 보여 주지 않은 채 방송을 마칩니다.

다음 회에서는 물론 '결'을 보여주는데, 대개는 전날의 마지막 장면에 비해 좀 맥이 빠지죠. 위기에 처했던 주인공이 죽으면 드라마를 더 끌고 갈 수 없으니까요.

간단한 방법 같지만 주목해야 할 게 있습니다. 바로 시청자를 집중시키는 '전'이 갖는 힘입니다. '전'은 드라마든 글이든 이야기의 핵심이며 하이라이트입니다. 전체 이야기에서는 '결'과 함께 주제를 드러내는 부분이기도 합니다.

한마디로 모든 글의 성공과 실패는 '전'을 얼마나 잘 계획하는가에 달려 있다고 해도 지나치지 않습니다. 글을 잘 쓰는 사람들은 이 부분을 정교하게 준비합니다.

이런 것들이 바로 글설계입니다. 글쓰기는 결국 할 수 있는 한 최대한 '작전'을 잘 짜는 데서 시작되는 것입니다.

어떻게? 내 글을 읽는 이가 중간에 덮지 않고 끝까지 따라오도록 내용을 계획해 배치하고, 문장도 지루하지 않도록 고무줄처럼 늦췄다 당겼다 할 수 있어야 합니다.

"에이, 작가도 아닌데 어떻게?" 미리 기죽을 건 없습니다. 초등학생도 무작정 쓰기보다는 나름대로 이리저리 궁리를 하고 시작하면 훨씬 더 잘 쓰게 되니까요. 그 작전을 어떻게 짜는가는 뒷장에 나오니 기대하세요.

글쓰기는 설계다! 먼저 이 말을 꼭 기억하고 절대 잊지 마십시오.

글설계와 관련해 한 말씀 더! 흔히 글 쓰는 일이 직업이라고 하면 사람들은 "이야, 펜만 잡으면 줄줄 나가겠네요" 하고 말합니다. 미리 고백하지만 절대 줄줄 못 나갑니다.

작가이니 더 잘 써야 하는 책임도 따르지만 '조자룡 헌 칼 쓰듯' 펜을 휘두르는 작가 없습니다. 오히려 더 고민해서 궁리하고, 쓰고 나서는 다시 검토하고, 고치고 또 고쳐서 완성합니다.

맞춤법은 당장의 문제가 아닙니다

"넌 어떻게 이런 단어도 틀리게 쓰니?"

학부모 중에는 자녀가 단어나 띄어쓰기를 틀리는 것에 한숨을 쉬는 분들이 있습니다. 물론 맞춤법도 중요하지만 일단 잠시 제쳐두세요.

맞춤법은 학년이 올라가면 차츰 좋아지고, 고등학교 때쯤에 얇은 맞춤법 책 한 권만 꼼꼼하게 읽어도 웬만큼 해결됩니다.

더 중요한 건 글을 쓰는 원리를 이해하고 실제의 쓰기에 적용해 자신의 것으로 만드는 일입니다. 글자 몇 개 틀렸다고 스트레스 받지 마세요.

> **TIP 제1강을 마치며 한마디**
>
> 글쓰기는 못하지만 논술은 요령을 배우면 잘 쓸 수 있다고 생각하는 학생들이 있다. 그런 엉터리 말은 없다. 축구선수가 기초체력과 개인전술을 키우지 않고 골 넣는 기술만 배우겠다면? 그래서 과연 좋은 골잡이가 될 수 있을까?
> 요령을 배우더라도 기본적인 작문법을 익혀야 잘 쓸 수 있다. 논술의 고수들은 작문에도 강하다는 사실을 알아야 한다.
> (논술에 대해서는 "Part 1" 뒤에 넣은 '책 속 특강 – 독후감과 독서논술의 차이'에서 자세히 다루기로 한다.)

좋은 글은 이런 게 갖춰져 있답니다

> 잘된 글이 갖추고 있는 몇 가지 조건을 통해 글쓰기의 큰 틀을 알게 하는 장.

너무 넓게 달리지 않고 이야기를 집중시킨다

선생님으로부터 작문 과제를 받아든 아이들이 제일 싫어하는 말이 뭘까요? '느낀 점을 써 보라'는 주문이라고 합니다. 너무 막연한 요구이기 때문입니다. 세상의 모든 일이 항상 느낌을 주는 것도 아닌데 말이죠.

여기서 '느낀 점'이란 주제를 표현해 보라는 건데, 아이들에게 이게 그리 쉬운 일은 아닙니다. 그럼 어떻게 주제를 표현할 수 있을까요?

[주제, 소재, 글감]
- 주제 – 글쓴이가 나타내고자 하는 중심적인 생각.
  (더 넓게는 이 세상의 일과 관련한 인간 삶에 대한 나의 생각)
- 소재 – 글쓴이가 생각한 주제를 표현하기 위한 글감.
- 글감 – 주제, 소재 모두를 뜻할 수 있지만 이 책에서는 글의 재료가 되는 소재의 의미로 주로 사용.

흔히 학교에서는 '박물관 견학에서 느낀 점', '부모님 은혜', '환경 보호' 같은 넓은 글감을 줍니다. 글감의 범위가 넓고 두루뭉술하면 글을 쓰기 위한 생각을 끌어내기가 어려워집니다. 쓰더라도 넓으면서 얕게 건드리는 글이 나오기 일쑤입니다.

그보다는 '언제 엄마가 고마웠는지', '일회용품 꼭 써야 하나' 등 구체적인 글감으로 범위를 좁혀야 살아 있는 글이 됩니다. 왜 그럴까요?

여기 '환경 보호'에 대해 쓴 두 개의 글이 있다고 칩시다. 하나는 산, 공장 매연, 북극, 아프리카 등 떠오르는 대로 고루 잘 비빈 글입니다. 또 하나는 '일회용품을 너무 많이 쓰고, 그것이 버려져 바다에까지 흘러가고, 물고기가 먹어 화학물질에 오염되고, 그 고기를 다시 사람이 먹게 된다'는 일회용품의 일생에 집중한 글입니다.

아마 두 번째 글이 '환경을 망가뜨리면 안 된다'는 주제를 더 강하게 전하게 될 것입니다. 이야기가 집중되어 환경 파괴의 위험성이 더 분명하게 느껴지니까요.

이렇듯 이야기를 좁혀야 글쓰기의 출발인 생각 끌어내기부터가 쉽고 깊이도 생기게 됩니다.

주제 표현이 쉽도록 구체적인 글감의 예를 들어 봅니다. 앞은 '원래 소재'이고 뒤는 '좁힌 소재'입니다.

- 나라 사랑 → 6·25를 모르는 요즘 아이들
  (역사 교육이 제대로 이루어지지 않는 현실을 소재로 선택)

- 환경 보호 → 배달 도시락 먹고 나니 쓰레기가 열 가지!
  (과다한 일회용품 사용을 소재로 선택)

- 우리말 사랑 → 영어를 써야 멋있게 보인다고?
  (간판, 노래가사, 대화 속 외국어 남발 등을 소재로 선택)

- 부모님 은혜 → 나이키 운동화와 아빠의 해진 구두
  (멋 부리고 싶은 나와 가족을 위해 절약하는 아빠의 마음을 소재로 선택)

- 우정 → 네가 왕따여도 재미있을까?
  (왕따 피해자의 고통을 생각하지 않는 이기심을 소재로 선택)

어떤가요? 구체적 글감을 찾으니 바로 뭔가를 쓸 수 있을 것 같지 않은지요. 앞으로는 학교 과제든 자유 소재든 글감의 범위를 좁혀 구체화할 수 있도록 해보세요.

아직 어린 학생들에게 '나라 사랑', '우정' 같은 큰 소재를 던져 주고 무작정 글을 쓰라고 하는 건 무책임합니다. 학교에서 그런 과제를 받았다면 연관되는 구체적 글감을 부모가 같이 찾아보아 아이가 제일 흥미를 느끼는 것을 쓰게 하면 좋겠습니다.

(※주제 표현에 대해서는 제3강에서 따로 자세히 학습합니다.)

단편적 늘어놓기가 아니라 연결된 생각 펼치기

잘 쓴 글은 '단편적 나열이 아니라 연결성이 있는 생각 펼치기'라는 공통점이 있습니다. 단편적 나열이라 하면 소재에 대한 속 이야기를 펼치지 못하고 이것저것 늘어놓다가 그치는 글을 말합니다.

예를 들어 '부모님 은혜'에 대해 쓰는데 '동생과 싸웠다 → 엄마한테 야단맞고 → 앞으로는 부모님 속 안 썩이겠다'는 다짐투로 마무리하는 글이 그렇습니다. '환경 보호'에 대해 쓰라 하니 매연, 남극, 아프리카 등 넓은 범위의 글재료들을 몇 줄씩 건드리고 마는 원고가 그렇습니다.

글은 이야기가 있어야 합니다. 좋은 이야기는 읽는 이의 공감(같이 느낌)을 이끌어 냅니다. 그러나 위의 예처럼 글재료들의 겉만 늘어놓아서는 재미, 공감, 전체적인 연결성 어느 것 하나도 성과를 내지 못합니다.

> **TIP** 연결성이 있는 글쓰기란?
>
> ① 〈부모님 은혜〉와 관련해 연결성 있는 글의 예
> 나 때문에 엄마가 속상해서 운 이야기 → 어떤 일이 있었는지 에피소드('일화'라고 한다. 누가, 언제, 어디서, 무엇을, 어떻게, 왜 등 육하원칙이 드러나게) → 엄마의 눈물을 보고 마음 아팠던 나 → 에피소드 속의 무엇이 문제였는지 → 엄마에 대한 아이 입장에서의 생각 → 결론.
>
> ② 〈환경 보호〉와 관련해 연결성 있는 글의 예
> 아빠와의 등산 → 산 입구의 많은 음식점 → 그로 인해 망가진 계곡과 하천 오염 → 산 정상에서 본 도시 매연 → 환경 보호에 대한 인식 → 결론.
> '등산, 음식점, 매연'은 얼핏 동떨어져 보이는 재료지만 '환경'을 중심으로 연결성 있는 이야기를 펼칠 수 있다.

그림이 느껴지는 글

　글에서 현장감이 느껴지는 묘사(글로 쓰는 스케치)는 전달력에 큰 효과를 줍니다. TV의 〈인간극장〉 같은 프로그램에 나오는 이야기를 떠올려 보세요. 별 꾸미는 말 없이도 감동을 뿜어냅니다. 이렇게요.
　화면에 거리 노점이 나오는 가운데 해설이 흐릅니다. "박 씨는 길에서 붕어빵을 구워 판다. 요즘은 밤 10시를 넘어서까지 빵을 굽는다. 하루 10시간 넘게 서서 일하자면 힘이 든다. 그러나 박 씨는 막내딸 생각만 하면 힘든 줄 모른다. 어느새 중학생. 새 교복과 가방을 사 주자면 빵을 더 많이 팔아야 한다……."

담담하게 이야기를 풀어 가는 가운데 딸을 사랑하는 아버지의 마음이 시청자들에게 그대로 전해집니다. 그림이 보이는 글은 이렇듯 힘이 셉니다.

하나 더 예를 들어 볼까요.

'사랑'을 표현하는데 '너무너무 아끼고', '엄청 사랑한다'는 식의 치장만으로는 그 정도가 피부에 잘 닿아 오지 않습니다. 그보다는 '다리가 불편한 친구를 위해 매일 업고 등교했다', '사랑하는 여자를 위해 노래를 만들다가 가수가 되었다'처럼 무언가 에피소드(일화)를 들려주면 그 마음이 읽는 이에게도 오롯이 전달됩니다. 글을 통한 감동은 그렇게 만들어지는 것입니다.

여기서 말하는 에피소드는 '인생'입니다. 아이들에게 무슨 그런 어려운 이야기를? 그렇지 않습니다. 인생은 나이가 많아야 아는 것이 아니라 아이들도 저마다의 감상이 있습니다.

아이들 눈높이로 느끼는 감정(부모, 친구, 사물 등에 대한)이 있습니다. 자신의 눈에 비친 경험과 생각이 구체적 장면으로 표현될 때 살아 있는 글이 됩니다.

다른 사람의 경험도 괜찮습니다. '용기'가 글감으로 나왔을 때 '지하철 승강장 아래로 떨어진 노인을 구한 사람에 대한 뉴스'처럼 간접적으로 들은 이야기도 글에 활용될 수 있습니다.

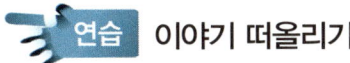

연습 이야기 떠올리기

1) 나의 여행 경험을 소재로 구체적인 이야기를 떠올려 보자.

아이들 경우 흔히 어디를 갔고 무엇이 좋았다 식으로 나열하는 글이 대부분이다. 그래서는 감동도 재미도 전달되지 않는다.

그보다는 여행 중에 겪은 일, 장소에 얽힌 이야기, 현지 사람들이 사는 모습 등 에피소드 통해 읽는 이의 마음을 잡을 수 있어야 성공하는 글이 된다.

2) 사람 아닌 소재여도 방법은 다르지 않다.

TV에 나온 꿀벌 이야기를 글로 쓴다고 치자. 꿀벌들의 질서 정연한 집단생활, 말벌의 공격을 맞아 싸우는 전쟁, 그런 행동들을 통해 배울 수 있는 교훈 등은 좋은 에피소드가 될 수 있다.

기억나는 자연 체험, 관찰 경험을 토대로 이야기를 떠올려 보자. 부족한 정보는 인터넷이나 책을 통해 보충하고.

TIP 에피소드 표현은 이렇게!

에피소드는 현장감이 전달되게 써야 제맛이다. 《흥부와 놀부》 독후감을 예로 현장감이 느껴지는 표현법을 생각해 보자. 부자가 된 흥부의 집을 찾아가 화초장(겉면에 그림 장식이 들어간 작은 장롱)을 빼앗아 오는 놀부의 에피소드를 통해 인물의 의심 많은 성격을 더 실감 나게 보여 줄 수 있다.

"형님, 제가 일꾼을 시켜 화초장을 보내 드리겠습니다." "아니다. 내가 직접 지고 갈란다." 같은 대사나 장면을 글 속에 직접 넣어 보자. 훨씬 더 생동감이 생길 것이다.

잘 쓰는 사람은 단락 속 보조문이 풍성하다

　단락은 몇 개의 문장이 모인 '글의 덩이'를 말합니다. 글에서는 줄을 가르는 것으로 구분되며, 보통 셋에서 많게는 열 개를 넘는 문장이 한 단락을 이룹니다. 컴퓨터로 글을 쓰는 요즘이라면 '엔터' 키로 줄을 바꿀 때 새 단락이 시작되겠군요.

　단락은 1~2개의 중심 문장과 그것을 도와주는 3~10개의 보조 문장으로 구성되는 것이 보통입니다. 이때 보조문은 중심문을 받쳐 주는 묘사, 보충 설명, 쓰는 이의 느낌 등을 담은 문장들입니다.

　단락 구성은 글을 잘 쓰는 사람과 못 쓰는 사람의 차이를 드러내는 결정적인 부분입니다. 글을 잘 쓰는 사람은 '보조문'이 풍부하고 맛깔스럽습니다. 반대로 글을 못 쓰는 사람은 중심문들만 연결해 갑니다. 그런 문장은 몇 개를 붙여 덩이를 만든다 해도 진정한 단락이 아닙니다.

　그래서는 글맛을 낼 수 없고, 원고를 채우기도 힘들게 됩니다. 원고지 3장만 쓰면 쓸 게 없다는 사람들은 보조문에 대한 이해가 없어서인 이유가 큽니다.

 잘된 단락의 예

앞서 소개한 신○○ 학생의 〈한글과 외계어〉의 한 대목이다.

> <u>이런 말들은 대체 누가 만든 걸까?</u> 아마 이 세상의 누구도 이 질문을 확실히 답해주진 못할 것이다. 하지만 우린 짐작할 순 있다. <u>이 모든 중심에는 10대들이 서 있다는 것을 말이다.</u> 온라인 채팅, 쪽지나 아이들이 쓰는 글, 평범한 대화 와중에도 외계어는 마구 쏟아져 나온다.
>
> (중간 생략)
>
> <u>첫 번째 예는 시대적 배경이다.</u> 지금 현재 21세기는 스피드. 모든 사람들이 빨리 빨리를 외치는 지금, 살아남기 위해서는 똑같이 행동할 수 밖에 없다. 행동이 빨라지다 보니 저절로 말까지 빨라지고,
>
> (이하 생략)

→ 밑줄 부분이 각 단락의 중심문이다. 나머지는 중심문을 돕는 보조문이다.

✏️ 나쁜 단락의 예

보조문 개념이 약한 학생들은 앞의 글을 흔히 다음처럼 쓴다.

> 외계어는 대체 누가 만든 걸까? 10대들이 그런 말을 쓴다. 말을 빨리 하려다 보니 그렇게 하는 것 같다. 나도 10대 중 하나이므로 앞으로는 외계어를 쓰지 말아야겠다.

→ 보조문 없이 명제만을 연결한 단락이다. 실제 많은 학생들이 이런 식으로 글을 쓴다. 명제(중심문)를 돕는 보조문을 쓸 줄 모르면 설득력 있는 글이 못 되고, 읽기 딱딱하고 재미도 없다. 당연히 원고도 안 나가서 쓸 얘기가 없다고 푸념만 하게 된다.

보조문은 이야기를 운반할 수 있어야 합니다. 이야기를 운반한다는 것은 중심문을 돕고 이야기의 연결에 기여하는 상태를 말합니다. 축구에서 골을 넣기 위한 패스 과정처럼 말이죠.

반대로 단락 내에서 특정 보조문을 지워도 별문제가 없다면 그 문장은 의미 없이 들어간 것입니다. 불필요한 문장은 글을 지루하게 하니 지워야 합니다.

> **연습** 보조문 적어 보기
>
> 최근에 있었던 일을 몇 개의 중심문으로 쓰고 각 중심문에 3~5개의 보조문을 적어 보자.
>
> 예) 친구와 싸웠다. 나는 그 친구가 얄미워 앞으로 말하지 않기로 했다.
>   (이렇게만 쓰면 보조문이 없어 무덤덤하다.)
> → 친구와 싸운 이유, 어떻게 싸웠는지, 나의 행동과 친구의 반응, 섭섭했던 점 등이 보조문으로 생생하게 들어가야 한다.

문장이 간결하다

좋은 글은 문장이 간결(간단하고 깔끔)합니다. 10~20단어가 들어간 10개 문장보다는 5~10단어가 들어간 20개 문장으로 구성된 글이 훨씬 깔끔합니다.

국어 교과서에 나오는 단편소설 〈소나기〉(황순원), 세계문학 《노인과 바다》(헤밍웨이) 같은 작품은 간결한 문장으로 유명합니다.

다음은 〈소나기〉의 한 대목입니다.

'소녀가 허수아비 줄을 잡더니 흔들어 댄다. 허수아비가 자꾸 우쭐거리며 춤을 춘다. 소녀의 왼쪽 볼에 살포시 보조개가 패었다.'

한 폭의 풍경화를 보듯 간결하고 산뜻한 문장이 느껴지나요.

간결체의 반대 형태 문장은 만연체라고 합니다.

만연체는 문장이 장황합니다. 수식하는 구절을 습관적으로 넣고, 형용사나 부사를 너무 자주 덧붙여 쓰곤 합니다. '비가 내린다'를 쓴다면 '대지를 적시고 꽃잎을 때리며 소리도 우렁차게 비가 내린다'라는 식으로 쓰는 거죠. 이런 문장을 쉼표를 넣어 가며 끊지 않고 이어 갑니다.

심지어 이렇게 쓰는 게 멋있고 유식한 글이라고 믿기도 합니다. 그러나 그것과 글쓴이의 수준은 아무 관계가 없습니다. 오히려 의미 전달이 혼란스럽고 맞춤법을 실수할 가능성이 큽니다.

작가들 중에는 길고 수식어가 많은 만연체 문장을 개성으로 삼는 분도 있습니다만 지금은 보기 드뭅니다. 아래는 인터넷에서 찾은 만연체 문장의 사례들로, 간결체로 약간 고쳐 보았습니다. 차이를 느껴 보세요.

[만연체 문장 수정 예]

- 해가 떠서 나는 힘겹게 눈꺼풀을 들며 쏟아지는 햇빛을 받으며 주섬주섬 옷을 입으며 졸린 눈으로 힘겹게 세수하고 멍한 정신으로 학교에 가고 반쯤 자면서 수업을 들으며 친구들과 무슨 말을 하는지도 모르며…… (생략)

【수정】해가 떠서 나는 마지못해 잠을 깼다. 주섬주섬 옷을 입고는 졸린 눈으로 힘겹게 세수를 했다. 학교에 갔지만 멍한 정신으로 반쯤은 자면서 수업을 들었다. 친구들과 무슨 말을 나누었는지도 모르겠다.

- 그가 나의 작은 서점엘 들어설 때마다 나의 느낌은 어땠는가 하면 작은 웅덩이에로 다 자란 하마가 쳐드는 듯했었으며, 그리고 그가 한 골목을 떡 차지해 그만의 어떤 몽상의 잠수를 하고 있으며, 그러는 동안은 책방의 냄새도, 실제로, 웅덩이와 다르지 않았었다.

【수정】 그는 자주 나의 작은 서점에 들렀다. 그때 나의 느낌은 작은 웅덩이에 몸을 담근 다 자란 하마를 대하는 것 같았다. 그는 서점의 한 칸을 떡 차지해 그만의 어떤 몽상에 빠져 있곤 했다. 그런 동안엔 책방이 숲 속의 웅덩이로 바뀐 듯했다.

인상적인 한 대목이 전체를 돋보이게 한다

　잘 쓴 글에는 눈길을 잡는 인상적인 대목이 있어 글 전체를 멋지게 장식해 주곤 합니다.

　글쓰기를 할 때 도입 부분, 주제를 드러내는 부분 등 주요 위치에 특별히 공들인 표현 한두 줄쯤은 넣을 수 있도록 해보세요. 평소 그런 생각을 가지고 있으면 더 멋진 글을 쓰는 데 도움이 됩니다.

[작가의 글 예]
- 하늘 한 자락을 담갔다가 헹굴 만도 하지요?
  - 《우리 명작 연필동화》(정채봉 등) 중 정채봉의 〈노을〉

- '그래, 난 앞으로도 이 절름발이 다리로 버틸 거야. 영득이랑 영순이랑 그리고 난남이를 보살펴야 해. - 《몽실 언니》(권정생 동화)

- 사랑한다는 것은 다소 엉터리입니다. 영화 중 제일 기억나기로 친다면 사랑하는 사람과 같이 보았던 그것이듯. - 〈사랑한다는 것은〉(김래주 시)

문장 끝이 분명하다

이메일과 휴대전화 문자 사용이 일상화되며 글쓰기에서조차 토막 문장 또는 유행어를 쓰는 사람들이 많습니다.

출처를 알 수 없는 속어, 끝이 불분명한 미완성 문장들이 그런 예로 이런 습관이 작문에도 은연중 나타나고 있습니다. '친한 친구도 없고 ㅜㅜ', 완소남(완전 소중한 남자의 줄임말) 정도는 애교이고, 심지어 속어를 정상적인 단어인 줄 알고 사용하는 사람들도 있습니다.

부정확한 단어나 속어가 끼어들면 글의 가치가 떨어집니다. 글에서는 절대로 쓰지 말아야 합니다. 다음이 그런 것들입니다.

쩐다(대단하다, 심하다), 간지난다(느낌, 인상의 일본어와 우리말의 합성), 열폭(열등감 폭발), 뒤땅(뒷담화), 어쩔(어쩔 수 없다), 어솨요, 샘(어서 오세요, 선생님), 방가(반가워), 겜(게임), 짱나(짜증난다), 냉무(내용 없음), 즐팅(즐겁게 채팅하세요), 구라(거짓말), 당근(당연하다), 담탱(담임선생님), 허걱(놀랍다), 헐(황당하다), 껌이냐?(무시하냐?) 등.

　술어를 애매하게 마치거나 너무 잦은 말줄임표를 쓰는 것도 문제가 됩니다.
　자신의 상태를 표현하는 데도 '슬픈 것 같다', '힘든 것 같다'라고 쓰는 사람들이 많습니다. 내 기분, 내 상태를 말하면서 추측성 표현을 쓰는 건 이상합니다. 슬프면 슬프다고, 아니면 아니라고 써야 맞습니다.
　TV에 나오는 연예인, 거리 인터뷰에서의 시민들 할 것 없이 '……좋은 것 같아요' 식의 표현을 참 많이 씁니다. 아이들에게 옳은 표현을 가르치기 위해 어른들부터 스스로 언어 습관을 고쳐야 합니다.
　또, 문장 끝에 가서 '그 일만 생각하면……'처럼 말끝을 흐리는 표현도 조심해야 합니다. 말줄임표가 글맛을 내는 데 효과적일 때도 있지만 자주 쓰면 글쓴이의 생각이 불분명해 보입니다.
　잘 쓴 글은 문장 끝이 분명합니다. 독자에게 판단을 묻는 맺음을 쓸 때도 있지만 배우는 학생들은 먼저 정어법에 충실하기 바랍니다.

☆　　☆　　☆

　아래는 지금까지 말한 작문 요건을 기준으로 뽑은 두 명의 학생 글입니다. 비교해 보며 좋은 글의 조건에 대한 이해를 키우는 데 참고하세요. 비교가 쉽도록 '환경 문제'라는 같은 소재의 글을 두 개 골랐습니다.

작문 요건에 근접한 초등학생의 글 예

○ 〈쓰레기로 지구를 뒤덮을 건가?〉(풍△초등학교 6학년 변○○)

어느 날 길을 가다가 바닥을 살펴보는데 쓰레기가 너무 많았다. 보기가 흉했다. (중간 생략) 도대체 거리에 쓰레기가 얼마나 많은지 알아보기 위해 2m 정도씩 구분해 쓰레기 개수를 세어 가보았다. 평균 15개쯤이 있었다. 사람들은 쓰레기를 왜 길에 버릴까. 주머니나 가방에 넣어서 집에 가져오거나 길가의 쓰레기통에 버리면 될 텐데.

쓰레기를 아무 데나 버리면 좀 찝찝하면서 마음도 좋지 않을 것이다. 나도 가끔 쓰레기통이 없을 때 길에다 쓰레기를 버려본 적이 있는데 기분이 좋지 않았다.

지금 지구는 쓰레기가 넘쳐나고 있다. 컴퓨터로 환경오염에 대해 검색하다가 한 포스터를 보았다. 그 포스터엔 '이젠 버릴 곳도 없습니다'라고 적혀 있었다. 이젠 쓰레기를 버리기 전에 재활용할 수 있을지부터 생각하고 버려야겠다.

나는 하루에 한 사람이 몇 kg의 쓰레기를 버리는지 알고 싶어서 인터넷으로 조사를 해보았다. 그 결과 한 사람당 하루에 0.9kg을 배출한다고 한다. 우리나라 인구가 4,500만이라면 1년에 14,782,500톤을 배출하는 양이다. 정말 많아서 한편으론 충격이었고 한편으론 이 사실을 사람들에게 알리고 싶었다.

인터넷을 통해 쓰레기 문제의 심각성도 알았다. 하천에도, 바다에도, 산에도 온통 쓰레기다. 사람들은 당장 피해를 느끼지 못해 쓰레기를 버렸겠지만 그것은 우리에게 다시 돌아올 것이다. 하천의 쓰레기는 수돗물을 더럽게 하고 물가를 찾는 사람들의 마음도 불쾌하게 할 것이다.

바다가 쓰레기로 인해 오염된다면 물고기 등 바다에 사는 생물들이 없어지고 어부나 해녀 등은 다른 직업을 구해야 할 것이다. 그렇게 되면 우리는 신선하지 않은 해산물을 먹거나 아예 못 먹게 될 수도 있다.

그리고 산이 오염되면 나무가 죽고 산에 사는 곤충, 동물들이 모두 죽을 것이다. 그런 지구는 얼마나 이상할까. 상상하기만 해도 정말 끔찍하다.

사람들이 쓰레기를 담는 가방을 가지고 다니면 쓰레기를 길에 버리지 않고 집에 가져와서 버릴 수 있을 것이다. 그러면 지구 오염을 조금은 막을 수 있지 않을까.

(원고지 총 7매, 일부 생략)

→ 길거리의 쓰레기 개수까지 관찰해 글에 넣은 것, 자료를 찾아 설득력을 더한 전개, 쓰레기 투기가 가져올 결과 등 소재에 대한 집중성과 연결성이 돋보인다. 실감 나는 사례, 군더더기 없는 문장도 좋다. 오염이 심해지면 어부나 해녀가 다른 직업을 구해야 할 것이라는 걱정 등 어린이 시각에서의 서술도 예쁘다.

결론부가 급한 건 좀 아쉽다. '한 사람이 매일 0.9kg의 쓰레기를 배출한다'는 사실을 재강조하면서 '지구를 이렇게 망가뜨려도 후손들에게 떳떳할 수 있을까' 같은 힘 있는 표현을 덧붙이면 더 좋을 것 같다.

 작문 요건을 벗어난 초등학생의 글 예

○ 〈환경오염〉(문△초등학교 4학년 신○○)

나는 환경오염이 왜 발생되는 것인지 궁금하였다. 그 이유는 사람들 때문인 것 같다. 그렇게 생각하는 이유는 사람들이 아무 데나 쓰레기를 버리고 오염된 물질을 대기중으로 방출하거나 하천으로 배출하기 때문이다.

토양을 오염시키는 물질에는 알루미늄 캔, 플라스틱 용기, 스티로폼 등이 있다. 이런 것들은 썩는 데 500년 이상 걸린다고 한다. 썩지도 않는 물질은 분리수거를 해야 한다.

공장과 자동차의 매연, 프레온 가스 등은 대기를 오염시킨다. 이런 물질은 공중으로 퍼져나가 모두 다 없애는 것이 힘들기 때문에 조심해야 한다.

하천을 오염시키는 물질에는 주방세제, 샴푸, 콜라, 비누 등이 있는데, 콜라 1L를 하천에 흘리면 몇 십 L의 깨끗한 물을 흘려보내야지 없어진다. 하천 역시 다시 깨끗하게 하는 것이 힘들다. 하천에 들어간 나쁜 물질은 바다를 오염시키고 그 바다에서 사는 물고기를 잡아먹으면 결국 우리에게 해롭다.

대부분의 사람들은 이렇게 될 것을 이미 알고 있다. 그런데 깨끗하게 하지 않는 이유는 '뭐 나 하나가 했다고 엄청 더러워지나?' 하고 생각하거나 귀찮아서, 또는 '다른 사람도 다 하니까 상관없겠지?' 라고 생각해서 등이다. 1명 때문에 생태계가 모두 파괴 될 수 있다. 그러니까 '나부터 깨끗이 하자.' 라고 생각해야 한다.

> 이것만이 해결 방법은 아니다. 더더욱 많이 있지만 이것만 안다고 끝내지 말고 환경오염을 막을 수 있는 여러 가지 방법을 생각해 보자. 그러므로 환경오염의 주범은 나이고 깨끗이 해야 하는 사람도 나이다. 다른 사람에게 미루지 말고 내가 먼저 깨끗이 하자.
> (원고지 총 5매)

→ 소재가 포괄적이어서 단순 나열이 되고 있다. 그러다 보니 자신만의 감성과 체험도 드러나지 않는다. 중반 이후 '나 하나쯤'에 대한 위험성을 지적하고 결론부에 '환경오염의 주범은 나이고, 내가 먼저 깨끗이 해야 한다'는 지적마저 없었더라면 정말 밋밋한 글이 되고 말았을 것이다.

이야기를 너무 넓게 펼치면 소재의 겉만 훑게 된다는 것을 알게 하는 원고다.

명문장

"네 장미꽃을 그렇게 소중하게 만든 것은,
그 꽃을 위해 네가 바친 시간이란다."

동화 《어린 왕자》(생텍쥐페리) 중에서. 하찮은 물건일지라도
그 물건에 정성을 들이면 특별해질 수 있다.'는 의미.

주제는 어떻게 담는 것일까요?

> 주제는 내가 전하고 싶은 중심적 생각, 소재는 주제를 표현할 글감.
> 둘은 짝꿍과 같은 사이다.

주제 설정은 글쓰기의 핵심 전략이다

주제는 글쓴이가 글을 통해 전하고자 하는 중심적인 생각이라고 정의할 수 있습니다.

그런 만큼 주제를 생각하는 일은 모든 글쓰기의 시작입니다. 이는 간단한 산문이든 독후감이든, 작가의 글이든 다르지 않습니다.

주제는 소재와 짝꿍과 같은 사이입니다. 글에서 주제를 표현하자면 소재가 필요하고, 소재는 주제가 입혀지면서 이야기로서의 생명력을 띠기 때문입니다.

둘의 관계는 '닭이 먼저냐 알이 먼저냐'처럼 특별히 한쪽을 더 높이 추킬 수 없습니다. 주제를 먼저 정하고 그것을 담아낼 소재를 찾을 수도 있고, 반대로 언뜻 발견한 어떤 소재에서 주제가 떠올라 글을 시작할 때도 있기 때문입니다.

좋은 글에는 반드시라고 할 만큼 분명하고 효과적인 주제가 담겨 있습니다. 그것은 소재를 어떻게 펼쳐서 주제를 표현할 건가 하는 꼼꼼한 계획과 함께 얻어지는 결과물입니다.

그럼 주제 표현은 어떻게 하는 것일까요? 아래를 통해 이해해 보도록 하죠.

첫 번째 책 두 권은 여행, 두 번째 책 두 권은 이순신 장군이라는, 같은 소재+다른 주제의 책들입니다.

- 《나의 문화유산 답사기》(유홍준) – 역사 유물의 문화적인 의미 전달에 주제를 둠.
《지도 밖으로 행군하라》(한비야) – 세계의 외딴 지역 탐험을 통한 자아실현, 도전이 주제.

- 《칼의 노래》(김훈) – 이순신 장군의 인간적 면모에 초점을 맞춘 소설.
《임진왜란사 연구》(이장희) – 임진왜란의 실상 전달에 주제를 둠.

오호라, 주제는 소재의 성격에 따라 방향을 달리하는군요. 좀 더 보겠습니다.

주제 표현을 어렵게 생각할 건 없습니다. 《칼의 노래》를 읽고 이순신 장군의 군인으로서의 의지와 인간적 고뇌를 느꼈다면, 저자는 그 점이 전해지도록 이야기를 펼쳤고 독자는 저자의 의도에 공감한 것입니다.

우리는 지금 주제 표현의 방법을 배우려는 것입니다. 아이들도 얼마든지 그렇게 할 수 있습니다.

연습 주제별 글재료 적어 보기

주제 1과 2를 위해 소재를 이루는 '글재료'들을 더 자세히 적어 보자.

- 소재 – '한류와 아이돌 스타'
  구체적인 글재료 찾기를 옆에서 도와준다면 어린이 눈높이에서도 자기 나름의 글쓰기가 가능할 수 있는 소재다.

1) 주제 1 – 음악적 특성에 주제를 맞춘 글이라면,
   〔글재료 예〕 기존 가요와의 차이, 리듬 등 음악적 개성, 기억하기 쉬운 가사, 노래+춤+그룹 시스템, 화려한 무대 연출, 미국 팝송과의 비교 등을 글재료로 가져와 주제를 표현할 수 있다.

2) 주제 2 – 문화 현상에 주제를 맞춘 글이라면,
   〔글재료 예〕 한류의 해외 진출을 연 TV 드라마, 연예문화의 산업화와 관광 상품화, K-pop 열풍, 오디션 프로그램의 유행, 지나친 스타주의 등과 같은 이야기를 글재료로 가져와 주제를 표현할 수 있다.

글감(소재)을 잘 뽑아야 주제가 살죠

간절히 전하고 싶은 생각이 있다 해도 옷(소재)이 맞지 않으면 계획한 만큼의 효과를 낼 수 없습니다. 주제와 어울리는 소재라 하면 최소한 다음 요건이 맞아야 합니다.

첫째는 주제를 소화하는 데 관련성이 크고,
둘째는 구체적인 글재료들을 모을 수 있고,
셋째는 내가 다룰 수 있는 수준의 것이어야 하고,
넷째는 읽는 사람들도 공감할 이야기여야 합니다.

자신이 썼던 작문을 꺼내 놓고 위의 조건과 어떤 게 맞고 어긋나는지 한번 비교해 보는 것도 주제와 소재에 대한 이해를 위해 괜찮을 것 같습니다.

다음을 보세요. 우리나라의 명작 동화들입니다. 작가가 주제를 전달하기 위해 어떤 소재를 채택했는가를 한번 느껴 보세요.

- 《강아지똥》(권정생) – 천대받던 개똥이 아름다운 꽃을 피워 내는 거름이 되는 과정을 의인화한 동화. 개똥을 소재로 세상에 하찮은 것은 없다는 주제를 재미있게 표현했다.

- 《양재천에 너구리가 살아요》(김순한) – 더럽던 개천을 되살린 뒤의 가치를 주제로 전달하기 위해 양재천에 나타난 너구리를 소재로 삼았다.

- 《나쁜 어린이표》(황선미) – 자신의 생각을 제대로 말하지 못하는 아이에 대한 이해를 주제로 삼았다. 이를 표현하기 위해 선생님의 오해로 벌점(나쁜 어린이표)을 받게 된 아이의 속상한 마음을 소재로 가져왔다.

세 편 모두 주제를 상징할 수 있는 소재이고, 구체적인 대상에 집중하고 있는 이야기란 점이 눈에 띕니다.

> **연습** 경험에서 글감 찾기
>
> 글감은 내가 경험했거나 평소 생각에 많이 닿아 왔던 것들 중에서 고르는 게 쉽다. 작가들도 흔히 자신의 경험과 평소의 관심에서 소재를 뽑는다. 생각 펼치기가 무엇보다 생생하고 유리하기 때문이다. 아래 주제 1, 2에 각각 자신만의 글감을 생각한 후 그것을 표현할 글재료들을 적어 보자.
>
> 1) 주제 1 – 나를 키우는 좋은 습관
> 〔글재료 예〕 물건을 아무 데나 놓아두었다가 찾아 헤맨 경험, 지적받은 잘못을 반복하는 나, 하나라도 잘해 보자라는 생각에 늦잠 버릇을 고쳤더니 다른 일에도 자신감이 생겼다 등 에피소드 통해 나를 돌아보는 글. 이런 정도로도 좋은 작문이 될 수 있다.
>
> 2) 주제 2 – 어머니의 희생
> "얼마나 추우셨습니까, 어머니!"라는 제목이 눈길을 당긴 어느 신문 기사에서 가져왔다.
> 〔글재료 예〕 6·25 때 겨울, 다리 밑에서 벌거벗은 채 죽은 여인. 그 품 안에는 여인이 벗어서 감싸 준 옷으로 체온을 잃지 않은 아기가 있었다 → 미군에 입양된 아기 → 성인이 되어 어머니의 죽음 이야기를 듣고 한국에 와서 그 다리를 찾아간다 → 겨울. 다리 밑에서 벌거벗고 그날의 어머니를 그리며 슬피 우는 아들. "얼마나 추우셨습니까, 어머니!"
> 간접 경험이지만 어머니의 가없는 사랑이 절절히 전해지지 않는가?

뻔한 전개를 피하려면 이야기를 좁혀라

백일장 심사를 나가 아이들의 글을 받아 보면 아쉬움을 느낄 때가 많습니다. 내용과 전개 방식이 비슷하기 때문입니다.

부모님 말씀을 더 잘 듣겠다는, 교통신호를 잘 지키겠다는, 동물을 사랑하는 어린이가 되겠다는……. 이런 투의 글이 절반 이상입니다.

개중엔 나름대로 논리적으로 잘 쓴 글도 있지만 어디선가 본 듯해 읽는 이의 눈길을 끌지 못합니다. 뻔한 전개는 잘 써도 별로입니다.

다른 사람과 차별되는 나만의 글이 필요합니다. 나만의 글은 작은 차이에서 시작됩니다. 제2강에서 말한 '너무 넓게 달리지 않고 이야기를 집중시킨다'가 비결입니다.

주제 범위가 구체적일수록 나만의 개성 있는 글이 나옵니다. 다시 강조합니다. 소재의 범위를 좁혀 구체적인 이야기로 글을 집중시키는 게 핵심입니다.

예를 들어 '환경오염 문제'를 바로 다루기보다는 '양재천 너구리'가 글감으로 더 적합합니다. 벌써 호기심부터 느껴지지 않는지요.

> **연습** 이야기 좁히기
>
> 아래 1)과 2)를 참고해 같은 주제의 자신만의 '좁힌 글재료'들을 적어 보자.
>
> 1) '바른 생활'을 주제로,
>   〔글재료 예〕아빠와의 외출 → 사거리의 차 안에서 꼬리를 문 차들을 보며 느낀 생각 → 서로가 서로에게 방해를 주는 차들 → 어른들은 참 바보 같다 → 질서의 소중함 느끼는 계기가 됐다.
>
> 2) '동물 사랑'을 주제로,
>   〔글재료 예〕화가 나서 괜히 발로 차 버린 강아지의 밤새 앓는 소리 → 내가 아팠을 때의 경험 → 강아지는 얼마나 아플까 → 동물의 고통에 무심했던 나.
>
> 3) 자유 주제(또는 소재)로 글을 써 오라 할 때는?
>   되도록이면 자신이 경험한 것 또는 평소 생각에 많이 닿은 소재를 택하는 게 비결. 작가들도 자신의 경험을 작품 소재로 삼는 경우가 많다.

내가 공감하는 얘깃거리여야 한다

주제가 잘 깃들자면 쓰는 이부터 공감하는 글감이어야 합니다. 공감은 글감이 가진 성격과 내용에 대해 나도 그렇다고 같이 느끼는 것을 말합니다.

책도 공감되는 내용이 더 흥미 있듯 글쓰기 역시 다르지 않습니다. 공감이 떨어지는 소재는 겉도는 글이 되기 쉽고 억지로 써도 원고지 몇 장을 메우기가 버겁습니다.

공감하지 못하는 글쓰기가 반복되면 강요가 되고 맙니다. 글쓰기를 싫어하는 아이들은 그렇게 맞지 않는 옷을 자꾸 입히기 때문입니다.

이제부터는 다음을 습관 들이도록 하세요.

글감을 좁히고 집중시키되 내가 공감하는 얘깃거리인가를 확인하고, 잘 모르거나 별 느낌이 없다면 다른 것으로 바꾸어야 합니다. 학교 과제여서 마음에 닿지 않아도 굳이 써야 하는 소재라면 관련 자료를 찾아 이해라도 최대한 키워야 합니다.

공감되는 글감 찾기를 어려워할 건 없습니다. 내가 생각하는 주제나 소재로 쓸 수 있는 글감만도 수천, 수만 가지인 게 우리가 사는 세상입니다. 가령 '사랑'이란 소재로 만들어진 시, 소설, 영화, 노래를 떠올려 보세요. 얼마나 많은가요.

문제는 글감 고르기에 익숙하지 않을 뿐입니다. 이때 도움자가 될 수 있는 사람이 부모입니다. 공감 가는 글감을 찾을 수 있도록 도와주고, 글재료도 대화를 통해 같이 찾아주세요. 몇 번 그러고 나면 아이도 요령이 생겨서 글감을 더 잘 찾게 될 것입니다.

리얼리티와 갈등 요소가 주제를 힘 있게 한다

글에서 리얼리티란 설득력 있는 사실감을 말합니다. 현실에서의 리얼리티와 글 속에서의 리얼리티는 차이가 있습니다.

예컨대 원수를 갚기 위해 10년간 무술을 닦고 길을 나선 무사가 강을 건너다가 폭우로 배가 뒤집혀 죽고 말았다면? 현실에서는 그럴 수도 있고 안타까운 일이지만 소설이나 영화에서라면 황당한 전개일 것입니다.

글에서의 리얼리티란 읽는 이에게 공감을 주는가가 첫째 조건입니다. 설령 실제 있었던 일이라 해도 글로 옮기는 과정에 설득력과 감동이 없으면 리얼리티는 사라지고 맙니다.

글에서 리얼리티를 얻고 싶다면 다음을 살펴보아야 합니다.

먼저 리얼리티가 망가지지 않을 소재인가를 따져서 채택을 결정하고, 자칫 맥 빠질 수 있는 부분이 있다면 글에서 보완할 수 있어야 합니다. 사실성이 중요한 수기의 경우 어이없는 일도 쓰는 이의 문장력에 의해 가슴에 와 닿는 이야기가 될 수 있듯이 말입니다.

또 하나 글을 힘 있게 하는 중요한 방법은 '갈등 요소'의 활용입니다. 갈등 요소란 마음이나 주어진 조건이 서로 부딪치는 것을 말합니다.

세상은 꿈(욕망, 희망)이 다른 사람들, 다른 환경의 사람들이 어울린 곳이라는 말이 있습니다. 가장 가깝다는 가족부터가 원하는 게 다릅니다. 공부를 시키려는 엄마와 놀고 싶은 아이, 편리함을 주는 에너지 사용과 그에 따른 대기 오염 등 많은 것들이 대립 관계에 있습니다. 이처럼 서로 부딪치는 것들을 갈등 요소라고 합니다.

　글에서도 말하려는 바가 강해지자면 반대되는 색깔이 나와야 합니다. 인물과 관계된 글이라면 주인공에게 닥치는 어려움, 상대와의 대립 등이 대표적인 갈등 요소입니다. 고난이 없는 주인공, 반대적인 문제가 없는 이야기는 주제를 힘 있게 받쳐 주지 못합니다.

[리얼리티와 갈등 요소의 활용 예]

- 우정이 소재인 글

  마냥 좋은 친구 얘기만 쓰기보다는 대립 경험 → 갈등 관계 → 화해의 계기 → 우정 회복과 같은 전개가 더 읽는 이의 마음을 당긴다.

- 청소년 소설 《완득이》(김려령)

  가난, 난쟁이 아빠, 다문화가정(엄마가 베트남인) 등 어려운 환경을 이기고 권투선수로서의 꿈을 키워 가는 주인공 완득의 이야기.

- 장편 동화 《몽실 언니》(권정생)

  새아버지, 보살펴야 할 동생, 6·25전쟁 등 삶을 어렵게 하는 여러 고난들을 헤치고 꿋꿋하게 살아가는 주인공 몽실의 이야기.

삐딱하게 생각한다고 나무라지 마세요

초등학교 2학년짜리 아이가 이런 글을 썼습니다.

'구름도 엄마처럼 따듯한가 봐요. 비둘기가 짹짹 구름 따라 날아요.'(이하 생략)

이 글을 보고 다른 어느 엄마가 깔깔 웃었습니다.

"애 좀 봐. 어떻게 비둘기가 짹짹 하니?"

안타까운 건 그 아이가 아니라 글을 보고 웃은 어느 엄마입니다. 새소리를 똑바로 썼느냐보다 더 중요한 걸 놓치고 있기 때문입니다. 구름을 향해 날고 있는 비둘기를 보며 엄마의 포근한 품을 떠올린 아홉 살 아이의 상상력이 매우 훌륭하다는 걸.

아이가 엉뚱한 상상을 한다고 절대로 나무라면 안 됩니다. 그보다는 "어쩜 그런 생각을 다 했니? 너 대단하구나" 하고 칭찬해 주세요.

상상력은 참신한 주제를 건져 올리는 바탕이 됩니다. 뻔한 생각, 흔한 이야기로는 나만의 개성 있는 글을 쓸 수 없습니다. 에디슨은 알을 품고 있는 암탉을 흉내 내 자신도 병아리를 부화시켜 보겠다며 알을 품었습니다. 어쩌면 에디슨이 그때 느낀 열에 대한 영감(남다른 착상)이 전구 발명으로 이어졌는지도 모릅니다.

아이가 "엄마, 고래는 왜 바다로 갔어요?" 등 뜻밖의 질문을 할 때, "글쎄" 하고 말거나 "바다에 사는 거니까 사는 거지" 하면 빵점입니다. "그러고 보니 정말 신기하네" 하며 다가앉을 때 오히려 아이와 더 높은 상상력을 펼치는 대화를 나눌 수 있을 것입니다.

 **연습 상상력 키우기**

다음을 소재로 가족, 친구와 상상력을 발휘해 대화해 보기를.

- '동물과 말을 할 수 있다면', '내가 지금 어른이라면', '새처럼 날개가 있다면' 등 어떤 소재라도 좋다. 함께 대화하며 얘깃거리를 풍성하게 해보자.

명문장

"세상에서 가장 어려운 일이 뭔지 아니?"
"흠…… 글쎄요. 돈 버는 일? 밥 먹는 일?"
"세상에서 가장 어려운 일은 사람이 사람의
마음을 얻는 일이란다. 각각의 얼굴만큼
다양한 각양각색의 마음을…… 순간에도 수만 가지의
생각이 떠오르는데 그 바람 같은 마음이 머물게
한다는 건 정말 어려운 거란다."

동화 《어린 왕자》(생텍쥐페리) 중에서.
다른 사람의 마음을 얻자면 내 마음부터 진실하게
다가가야 한다는 것을 전하는 글.

'이야기나무'를 키워 보세요

> 선택한 글감에 어떤 내용을 담을까. 글감과 관계되는 얘깃거리들을 미리 메모해 글쓰기 전 단계의 틀을 잡아 보자.

이야기나무가 글을 짜임새 있게 합니다

주제와 소재의 선택이 '무엇을 쓸 건가?'의 문제라면 다음 과정은 '어떻게 표현할 건가'입니다. 글은 주제와 소재가 잘 조화되어야 날개를 달고 날아오릅니다.

'이야기나무'라는 말을 만들었습니다.

마치 크리스마스트리를 장식하듯 종이에 중심 기둥과 큰 가지, 작은 가지를 그려 놓고 주제를 표현하는 데 쓸 글재료들을 미리 걸어 보는 겁니다. 이는 글을 잘 쓰기 위한 준비 단계로 매우 효과적인 방법입니다.

캠핑을 갈 때 교통편, 놀이, 음식 재료 등을 미리 체크하듯 글도 계획이 구체적일수록 결과가 좋게 나옵니다. 앞으로는 글을 쓸 때 이야기나무에 미리 메모해 보는 습관을 가지세요. 다음은 이야기나무를 만드는 방법입니다.

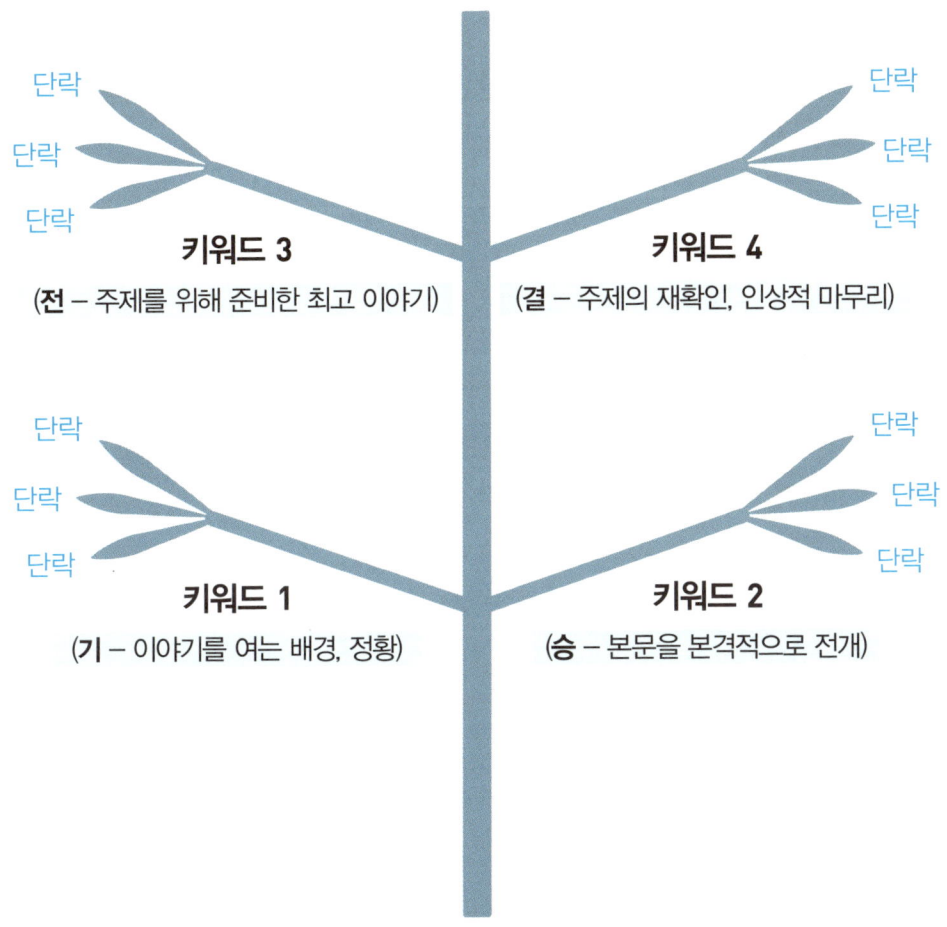

[이야기나무 만드는 법]

연필과 지우개를 준비하고 A4용지에 앞면의 그림처럼 이야기나무 모형을 그린다.

1. 먼저 큰 기둥 아래에 계획한 글에 대한 30자 안팎의 요약을 적는다. 이는 글 전체의 방향성을 잃지 않게 하는 역할을 한다.
예를 들어 제3강에서 연습으로 제시한 케이팝(K-pop)의 영어가사 문제를 글감으로 잡는다면 〈K-pop 영어가사 너무 심하다. 가요의 국적 없는 가사! 진짜 우리 노래라고 할 수 있을까〉라고 적을 수 있을 것이다.

2. 큰 가지 네 개는 각각 '기' '승' '전' '결'을 나타낸다. 쓰고 싶은 이야기를 크게 네 부분으로 나누어 각 가지마다 10~20자 정도의 핵심 키워드를 적는다.
'기'는 이야기를 여는 배경, 정황과 관계되는 키워드,
'승'은 본격적으로 하고 싶은 이야기와 관계되는 키워드,
'전'은 주제를 위한 최고 논리, 일화 등 가장 강력한 글재료와 관계되는 키워드,
'결'은 주제를 재강조하며 인상적인 마무리를 하기 위한 키워드.

3. 큰 가지에 붙인 3~5개의 곁가지에는 큰 가지의 핵심 키워드와 관계되는 글재료들을 적는다. 곁가지 한 개는 원고지 3~5줄 정도의 '단락'이 될 것들로 약간 자세히 기입한다.

4. 각 글재료들 앞에는 실제 글을 쓸 순서대로 번호를 붙여서 나중에 구분하기 쉽게 한다. 더 나은 전개를 위해 글재료 간의 순서를 서로 바꿀 수도 있다.

이해를 위해 앞에서 예로 든 케이팝(K-pop)의 영어가사 문제를 소재로 이야기나무를 만들어 보기로 합니다.

 **이야기나무에 배치해 보기**

나라면 어떤 글을 쓸 건가를 생각하면서 아래의 글재료들을 이야기나무의 적절한 곳에 배치해 보자. 새로 떠오르는 글재료를 추가한다면 더욱 좋다.

- 요약 – K-pop의 영어가사 너무 심하다. 가요의 국적 없는 가사! 진짜 우리 노래라고 할 수 있을까?

- 기승전결의 핵심 키워드 – 기(K-pop은 국적 없는 노래), 승(아이돌 가수 등장과 함께 영어가사 유행, 국제화에는 공헌), 전(뜻 없는 노랫말은 문제다, 명곡으로 남을 노래 얼마나 될까), 결(진정한 우리 노래가 되자면)

- 글재료들 – 대표적인 한글·영어 혼용 노래 사례들(△△△, □□□ 등) / 가사의 절반 이상이 영어로 우리 노래 아니다 / 가수도 영어 이름 너무 많다(△△, □□ 등) / 장점은 외국 팬도 어느 정도 이해할 수 있는 가사 전달력 / 한류의 해외 진출을 여는 데 공헌했다 / 그 바탕에는 연예문화의 산업화가 있다 / 단점은 짧은 단어 중심의 한글·영어를 같이 넣다 보니 가사에 깊이가 없다 / 소비적이고 잊히는 노래들이 많다 / 노래는 즐거움도 주지만 감동도 안길 수 있어야 한다 / 요즘 노래에 감동 차원의 곡이 얼마나 있나 / 지금 가수 중에 20년, 30년 후에도 스타로 남을 가수는 얼마나 될까 / 정말 명곡으로 기억되려면 가사에 더 진지한 고민이 따라야 한다.

> **TIP** 이야기나무 만들기 보충
>
> ① '전'의 글재료는 좀 더 신중하게 정한다. 주제가 진하게 묻어날 일화, 읽는 이가 인정할 수밖에 없을 사례 등이 그런 것들이다.
>
> ② 더 자세한 내용이 필요한 글재료는 인터넷을 통해 정보를 보강하자.
>
> ③ 시작과 결론 부분을 어떻게 쓸 건지도 간략히 적어 보자.
>
> ④ 완성된 이야기나무를 자연스러운 문장으로 바꾸는 것이 곧 글쓰기다. 글쓰기가 안 되는 사람은 이야기나무 구성에 문제가 있는 것이다.

이야기나무를 만들면 글쓰기가 훨씬 쉬워집니다. 생각을 정리하는 데 도움을 주고, 가지들 간의 분량 조절 등 균형 잡힌 글쓰기를 가능하게 해줍니다. 또, 글을 쓰는 중에 흐름을 이탈하는 것을 방지해 줍니다.

 **나만의 글재료를 이야기나무에 주렁주렁!**

이야기나무를 그려 놓고 아래 과제와 관계되는 글재료들을 떠올려 기승전결 가지와 곁가지에 적어 보자.

1) 주제 '컴퓨터게임 나쁜 것만은 아니다.'

2) 주제 '성폭력 없는 세상에서 살고 싶다.'

이야기나무로 글의 결과를 예상해 볼 수 있어요

머릿속으로는 그럴듯해도 막상 쓰려 하면 잘 안 풀리거나 완성해도 매력 없는 글이 되는 경우가 많습니다. 구상과 실제가 다를 수 있기 때문입니다.

이야기나무는 글감을 판단하는 데도 도움을 줍니다. 이야기나무에 글감을 실어 보면 자연스레 드러나는 게 있습니다. 생각보다 글재료가 떠오르지 않는 소재, 글재료는 모았지만 너무 평범한 이야기, 주제와의 연결성이 억지스런 소재 등을 한눈에 알아볼 수 있습니다.

그것을 통해 가치 있는 글이 될지 아닐지 판단하고, 일부 글재료를 바꾸어 보완할 방법을 찾고, 이도저도 아니면 버려야 할 소재인지도 확인할 수 있습니다.

가령 '정직해야 한다', '환경을 보호해야 한다' 등 옳지만 뻔한 내용으로 시작하고 끝내는 글은 무조건 No입니다. 그래서는 나부터 글이 재미없게 생각될 겁니다. 내가 재미없는데 남들이라고 재미있을까요.

같은 소재여도 나만의 경험이나 관찰, 생각이 들어가야 제대로 된 글입니다. '정직'에 대해 쓴다면 거짓말이 커져서 상황을 꼬이게 했던 에피소드쯤은 나와야 합니다. 그 위에 자기 생각을 펼쳐야 글을 쓸 준비가 되었다고 할 수 있습니다.

같은 재료로 만들어도 더 맛난 요리가 있다고 앞에서 말했습니다. 맛있는 글이 되게 하는 양념을 챙길 줄 알아야 합니다.

글설계를 마쳤으면 글의 분위기도 계산에 넣어 봅시다. 읽는 이의 가슴이 찡하도록 감동을 담아 보겠다, 유머를 곁들여 발랄하게 써 보겠다 같은 노림수까지 생각할 수 있다면 매우 수준 높은 접근입니다.

이런 계획이 어려운 것만은 아닙니다. 미리 생각에 넣고 있으면 어느 정도는 원하는 분위기가 피어나는 게 또 글이 갖는 마법입니다.

앞으로는 "이거 죽이는 얘기야!" 하고 미리 혼자 감탄하지 마세요. 이야기나무 구성을 통해 다른 사람과 차별화될 글재료를 담았는지, 집중성을 가지고 끌어갈 만한 글감인지, 남들도 공감할 주제인지 먼저 검토해 볼 수 있기를.

글재료가 빈약하면 절대 좋은 글이 나오지 않습니다. 특히 이야기나무가 잘 안 채워지는 대상이라면 내가 소화하기 힘든 소재입니다. 그땐 다른 글감을 찾아야 합니다.

분량 부담, '살아 있는 에피소드'로 넘으세요

글쓰기가 훈련되지 않은 사람들은 대부분 원고 분량에 부담을 느낍니다.

일반적으로 누구든 원고지 3~4장은 어지간하면 씁니다. 완성도가 어떻든 쓰고자 하는 글과 관련해 떠오르는 것만 적어도 그 정도는 채워집니다.

그럼 원고지 10장(A4용지라면 행간 160%, 10포인트 글씨로 1¼장)은 어떨까요? 이 정도 분량이라면 글쓰기의 전략이 다 나와야 합니다.

이야기를 구성할 줄 알아야 하고, 주제와 연관되는 글재료를 모을 수 있어야 하고, 무엇보다 각 단락에서 중심문을 돕는 보조문을 꽤 자유롭게 다룰 수 있어야 분량이 채워질 것입니다.

즉, 적어도 현재까지 배운 것들은 활용할 수 있어야 합니다. 그래야 원고지 10장이 어느 정도 단단하게 흘러갑니다.

이야기나무는 분량 문제를 이기는 데도 매우 쓸모 있습니다. 구성이 튼튼하다는 것은 글에 담을 재료들을 풍성하게 준비했다는 뜻이니까요.

10장 아니 50장, 그 이상을 쓴다 해도 미리 구성을 세밀하게 해놓으면 문제 될 게 없습니다. 소설가가 원고지 1,000장의 장편소설을 쓰는 것도 결국은 이야기나무를 세우는 데서부터 시작됩니다.

달리기에서 10km를 뛰어 본 사람은 다음 경주에서 체력 안배를 할 줄 알아 호흡과 속도를 조절합니다. 이야기나무는 그처럼 전체 원고의 흐름을 한 눈에 보게 합니다. 메모를 통해 각 가지를 채울 분량을 가늠할 수 있게 하고, 가지별로 안배하는 데도 도움을 줍니다.

이야기나무 만들기가 익숙해지면 절대로 "10장을 언제 다 쓰지?" 하고 한숨짓지 않게 됩니다. 가지에 주렁주렁 매단 글재료에 살만 충실히 붙여 가도 10장의 원고지가 금방 넘어가니까요.

TIP 긴 원고 쉽게 쓰려면

원고 분량에 대한 부담에서 벗어날 수 있는 최고의 힌트.

살아 있는 에피소드를 데려오자. 에피소드란 그림이 그려지는 글재료들을 말한다. 원고 분량을 해결하는 데 도움을 줄 뿐 아니라 글을 힘 있고 개성 있게 한다. 또 글의 설득력을 높이는 데 에피소드만 한 게 없다.

예를 들어 '가족 나들이'를 소재로 글을 쓴다 치자. 처음 도착해서 뭐뭐 하고 이어서는 뭐뭐 하고, 그리고 맛있게 밥 먹고……. 이건 단순 나열이지 살아 있는 에피소드가 아니다.

그보다는 나들이 동안 가족들 사이에 있었던 일을 현장감을 살려 쓰는 게 훨씬 글을 맛깔스럽게 한다. 그런 게 바로 살아 있는 에피소드! 실제 겪은 일이므로 다른 사람은 쓸 수 없는 나만의 글쓰기를 끌어내는 데도 매우 효과적이다.

TIP 논술성 글에서의 에피소드 역할

논술투의 글에서도 에피소드를 활용할 수 있다. 내 주장을 뒷받침할 수 있는 다른 이의 글이나 에피소드를 인용하는 것이다.

예를 들어 내 주장과 관련 있는 명작의 특정 대목 또는 위인의 일화를 끌어오거나 보편적으로 인정되는 다른 사람의 주장을 가져오는 것이다. 'OO가 쓴 책 OOO에 이런 이야기가 나온다.', 'OO는 이렇게 말했다.'라고 한 뒤 그 이야기를 넣어 내 주장에 대한 설득력을 높일 수 있다.

> **연습** 에피소드 찾기

운동회를 소재로 실제 있을 법한 구성을 해보았다. 자신의 경우를 돌아보아 에피소드를 찾아보자. 운동회가 없었다면 다른 소재여도 괜찮다.

1) 에피소드 1

　못생기고 공부를 못해 왕따 당하던 영호의 뜻밖의 달리기 실력 → 점수가 많은 오래달리기에서 1등으로 나서는 영호 → 반 친구들이 놀라서 목이 터져라 응원 → 뜻밖의 응원에 더욱 힘내는 영호 → 덕분에 우리 반 우승 → 함부로 그 친구 무시하던 평소의 내 모습을 생각하니 미안했다.

2) 에피소드 2

　단거리에 자신 있는 나는 릴레이 달리기에 나섰다 → 잘 달렸으나 배턴 전달 실수로 순식간에 뒤로 처졌다 → 경기를 망친 나는 면목이 없다 → 릴레이 달리기를 통해 새삼 협력의 중요성 깨달았다.

3) 에피소드 3

　아이들 사이에서도 솔직히 차별은 있다. 그러나 그날만큼은 모두 똑같았다. 똑같은 운동복, 똑같은 모자……. 운동회는 공평함을 가르쳐 준 하루였다.

운동회라는 소재 하나에서 찾아낸 여러 가지 에피소드들이다. 위 이야기를 표현하되 대사 넣기가 가능한 부분은 대사를, 묘사가 가능한 부분은 묘사를 통해 현장을 실감나게 전하는 것이 살아 있는 에피소드 넣기다.

이야기나무, 완전히 내 것으로 굳히세요

　백일장에서 흔히 제시되는 '나라 사랑' 같은 개성 없는 주제도 이야기나무를 통해 해결할 수 있습니다.

　'나라 사랑'. 주제의 폭이 넓고 추상적이면 글 역시 수박 겉핥기식이 되기 십상입니다. 우선 앞서 설명한 대로 주제와 관련해 범위를 좀 좁혀 놓고 시작하겠습니다.

　요즘엔 해외여행을 경험한 아이들이 적지 않으니 '해외여행이 가르쳐 준 애국심'과 북한의 핵위협에서 착안한 '평화는 공짜가 아니다'를 소재로 뽑아 보았습니다.

　먼저 임의로 만든 아래의 글재료들을 보면서 마음속으로 글을 한번 펼쳐 보세요. 아마 뭔가 한 편의 글이 그려질 것입니다. 예를 본 다음에는 독자들도 새로운 소재를 하나 정해서 글재료를 적어 보세요.

 이야기나무 만들기 한 번 더!

각 글재료에 들어갈 구체적 내용은 저마다의 생각, 찾은 자료 등에 따라 달라지겠지만 떠오르는 게 있으면 미리 메모해도 좋다.

1) '해외여행이 가르쳐 준 애국심'을 글감으로 선택했다면,
- 기 – 〔핵심 키워드〕 별로 생각한 적 없는 애국심이라는 말.
  〔글재료〕 해외여행을 갔는데 생각보다 우리나라 많이 안다(글의 계기) / 나는 한 게 없는데 괜히 대접받은 기분이다 / 올림픽이나 국가대표 축구 때만 열광 / 나라의 소중함을 잊고 사는 아이들.

- 승 – 〔핵심 키워드〕 외국에서 만난 한국.
  〔글재료〕 선진국에 대한 부러움도 내 마음엔 있었다 / 기내식으로 비빔밥을 먹는 외국인들 / 다른 나라 거리에서 본 우리나라 회사 간판들, 현지 매장의 우리 제품들 / 한류 즐기며 한국에 대해 알고자 하는 외국인들.

- 전 – 〔핵심 키워드〕 우리가 무시하는 우리 것.
  〔글재료〕 지난날 소니 카세트, 샤프펜 등 일본 제품에 기죽었다는 삼촌 / 인천공항의 엄청난 외국인들, 한국에 오는 이 사람들은 뭔가? / 우린 도리어 우리 것이 소중한 줄 모른다 / 자기 나라의 전통 사랑하는 현지인들(에피소드로) / 애국심은 우리 것을 사랑하는 것부터가 시작.

- 결 – 〔핵심 키워드〕 나라가 있기에 나도 있는 것이다.
  〔글재료〕 평소 피자가 부침개보다 세련된 음식이라고 생각한 나 / 나는 우리 것에 대해 아는 게 별로 없다. / 선진국 구경이 아니라 내가 태어난 우리나라를 새삼 알게 한 여행이었다.

2) '평화는 공짜가 아니다'를 소재로 선택했다면,
- 기 – 〔핵심 키워드〕 북한의 실제 공격이었던 연평도 포격과 휴전선 지뢰 도발.
  〔글재료〕 전쟁은 일어날 수도 있다는 사실을 알게 한 사건이었다 / 6·25가 언제 일어났는지도 모르는 지금 아이들 / 평화는 원래부터 주어진 것인 줄 알고 살았다.

- 승 – 〔핵심 키워드〕 만일 6·25 때 공산화 됐더라면 지금 우린 어떤 모습일까.
  〔글재료〕 자유 없는 북한? 이제야 경제 개발하는 베트남? 어떤 나라처럼 살고 있을까 / 국민의 삶보다 김일성 일가가 더 중요한 북한(강제수용소, 숙청) / 공산화 통일이었다면 경제도 꽃피지 못했을 것 같다(공산 국가들 사례를 예로 들면서).

- 전 – 〔핵심 키워드〕 나라를 지켜낸 사람들.
  〔글재료〕 학도병 소재 영화(《포화 속으로》) 기억 / 영화의 비극적 장면 소개(에피소드로 활용) / 6·25 때 군인들이라고 죽음이 두렵지 않았을까. 죽으면서 부모님이 얼마나 보고 싶었을까 / 아직도 병상에 있는 6·25 상이군인들을 TV로 보았다.

- 결 – 〔핵심 키워드〕 평화는 스스로 지켜 가는 꽃이다.
  〔글재료〕 우리는 너무 많은 것을 잊고 산다 / 전쟁 나면 싸우겠다는 젊은 사람이 겨우 50%에 불과하다(자료) / 연평도 포격과 북한의 지뢰 도발 사건은 내게 국토 수호의 가치를 새삼 일깨웠다.

3) 〔과제〕 '나라 사랑'과 관련해 범위를 좁힌 자신만의 글감을 정한 뒤 기승전결 각각의 핵심 키워드와 글재료들을 떠올려 이야기나무를 만들어 보자.

실제 쓰기를 위한 마지막 전략

다 만든 이야기나무를 토대로 실제 쓰기를 점검하며 떠오르는 본문용 문장도 적어 보자.

'전'에 담을 이야기는 좀 더 확실하게!

기승전결 중 '전'에 대해 한 번 더 강조합니다. 이 부분을 잘 준비해야 주제가 분명히 드러나고 설득력 있는 글이 됩니다.

유명한 《이솝이야기》는 이런 면에 좋은 참고가 됩니다. 대개의 이야기가 교훈적인 내용을 품고 있으나 단지 그런 이유로 명작이 된 게 아닙니다.

'나그네의 저고리 벗기기 시합에서 이긴 건 강풍이 아니라 한여름의 태양이었다'(주제: 힘세다고 다 이기는 건 아니다), '소금자루를 지고 개울에서 넘어졌다가 짐이 가벼워진 것을 경험한 노새가 솜을 실었을 때도 똑같이 했다가 고생하게 되었다'(주제: 잔꾀에 대한 경고) 같은 이야기 다들 알 겁니다.

두 이야기 모두 전반부에 반전(뒤집기)을 위한 준비를 넣고(바람이 자기 힘을 자랑하는 장면, 소금을 진 노새가 우연히 물에 빠지는 장면), '전'에서 주제를 세게 터뜨리고 있습니다. 이런 재치 있는 구성이 《이솝이야기》를 빛나게 합니다.

많은 독자들이 보았을 영화 〈아바타〉도 구성 면에서 닮았습니다.

먼 미래, 외계 행성 점령에 나선 지구인들이 어느 별의 주인인 나비족을 마구 죽입니다(전반부). 우주 개척이라는 이름으로 남의 평화를 깨는 모습에 주인공은 나비족의 편으로 돌아서 지구인들과 싸웁니다(전).

감독은 이런 반전을 최고의 장면으로 감추고 영화를 계획했을 것입니다. 그 결과 주인공의 '평화에 대한 의지'(주제)가 더 극적으로 드러납니다.

이야기를 뒤집는 반전까지 계획할 줄 안다면 글쓰기의 맛을 아는 수준에 도달했다고도 할 수 있습니다. 그러자면 그 앞의 순서인 '기'와 '승'에 적절한 준비가 되어 있어야 합니다.

물론 꼭 반전을 만들라는 건 아닙니다. 호수처럼 잔잔한 이야기로 감동을 안기는 글도 얼마든지 있으니까요. 하지만 '전'이 극적이면 그만큼 멋진 글이 될 가능성이 높은 건 사실입니다.

자신이 만든 이야기나무의 '전'이 분명한지, '기' '승'은 그 앞 역할을 잘하고 있는지 검토해 보세요.

'전'이 어떤 보물이라면 '기'에서 보물에 대해 살짝 보여 주고, '승'에는 그 가치를 드높일 장치를 넣고, '전'에서 이야기의 최고점을 찍고, '결'에서 마무리로 넘어간다면 무난할 것 같습니다.

> **연습** **동화 1편 분해해 보기**
>
> 자신이 읽은 동화 1편을 핵심 키워드와 글재료 형태로 분해하여 이야기나무에 배치해 보자. 책의 내용이 어떤 설계를 가지고 있는지 알아보는 건 글쓰기의 좋은 공부다.

이솝 이야기는 글쓰기의 모범 명쾌한 기승전결 + 극적반전까지

전체적인 연결성과 분량 안배 점검

이야기나무 만들기를 다 마쳤으면 글재료들 간의 연결성을 한 번 더 점검하세요. 기승전결에 붙인 글재료들을 보며 '이것 다음에 저것', '저것 다음에 이것' 하는 식으로 글의 흐름을 이어 보는 겁니다.

① 기 → 승 → 전 → 결의 성격에 핵심 키워드들의 배치가 전체적으로 적절한지, ② 각 곁가지 글재료들 간의 연결이 자연스러운지가 주요 검토 대상입니다.

글쓰기에 수학처럼 똑 떨어지는 정답이 있을 수는 없지만 이 과정에 글재료들의 위치를 다시 바꾸거나 지우거나 추가할 수 있을 것입니다.

(※실제 문장과 문장 간의 연결은 아직 글을 쓰기 전이므로 여기서는 언급하지 않습니다. 이와 관련해서는 "Part 2 – 실전 테크닉" 편에 담았습니다.)

또 하나. 글의 흐름과 관련해 뭔가 불균형적인 결과를 내는 사람들의 큰 문제 중 하나는 분량 안배(나누기)에 실패하고 있다는 겁니다. 기승전결의 특정 부분에 치우친 원고, 한창 써 나가다가 갑자기 문을 닫는 성급한 마무리, 심지어 결론이 없는 글도 있습니다.

이야기나무는 분량 안배의 실패를 막아 줄 수 있는 가장 안전한 장치입니다. 글재료 배치를 마친 뒤 이야기나무에 연필로 표시해 보면 더 확실히 할 수 있습니다.

전체가 원고지 10장 분량이라면 여기까지 세 장, 여기까지 여섯 장, 여기까지 여덟 장 하는 식으로 표시합니다. 물론 실제 원고에서 달라질 수도 있으나 쓰기 전에 분량 안배를 체크하면 훨씬 균형 잡힌 글을 쓰게 될 것입니다.

미리 마음으로 글을 써 보세요

작가들 중에는 원고를 구상하며 주요 대목의 문장까지 머릿속에 담는 분들이 있습니다. 작가가 아니어도 우린 그런 경험을 할 때가 있습니다. 중요한 만남을 앞둔 경우 '만나면 이렇게 얘기해야지' 하고 할 말을 미리 그려 보곤 하죠.

정리를 마친 이야기나무의 글재료 순서를 따라가며 실제로 표현할 문장들을 떠올려 보세요. 아마도 문득문득 닿아 오는 토막 문장들이 있을 겁니다. 이런 것들을 놓치지 말고 이야기나무의 빈칸 또는 별도의 종이에 적극적으로 적어 두십시오.

쓰고자 하는 글의 완성에 점점 다가가는 번뜩임입니다. 나중에 실제 글을 쓸 때 다 써먹을 수 있을 것들입니다.

잔소리 하나만 더 하겠습니다. 떠오르는 문장들에 대해서는 '논리성'도 생각하며 메모하기 바랍니다. 아직은 토막 문장들일지라도 서로 어울리고 말이 되는 소리인가 하는 자기비판입니다. 논리 또는 리얼리티가 부족하면 그만큼 설득력이 떨어지는 글이 되니 그런 것들은 버려야 합니다.

갈릴레오는 '지구는 돈다'(지동설)라는 주장을 펼치다가 사형 위기에 처했습니다. 그는 훌륭한 과학자임에 틀림없으나 주장을 논리로 더 확실하게 뒷받침하지 못해 인정받지 못했습니다.

어느 논술 시험에 '얼룩말의 검은 줄과 흰 줄 가운데 어느 것이 바탕이고 무늬인가'라는 문제가 있었답니다. 답은 뭘까요? 생물학적 답을 요구한 게 아니라 응시자가 선택한 무늬와 바탕에 대해 왜 그렇게 생각하는지를 설득력 있게 말해 보라는 게 문제의 의도였답니다.

신문 기사의 피라미드 구조에서 배운다

이야기나무를 만들고도 본문 쓰기에 어려움을 느끼는 사람을 위해 가장 보편적이고 쉬운 방법 하나를 소개합니다.

바로 신문의 기사 형태입니다. 신문 기사의 대표적인 특징은 밑으로 갈수록 내용이 점점 자세해지는 '피라미드 구조'를 띤다는 점입니다. 즉, 육하원칙(누가, 언제, 어디서, 무엇을, 어떻게, 왜)에 맞춰서 초반부에 핵심 내용을 전하고, 다음은 초반에 전한 내용 중에서 중요한 순서대로 약간 더 자세히 쓰고, 그다음은 다시 앞의 내용을 좀 더 구체적으로 전하는 식입니다.

만약 매우 큰 사건이라면 계속해서 기사와 관련해 드러내고 싶은 인물, 사연, 사건 배경, 에피소드 등을 추가로 전하는 게 신문 기사의 기본입니다.

예를 들어 화재 보도라면 이런 식입니다. 첫 대목은 '지난밤 11시, 서울 OO동의 10층 OO빌딩에서 불이 났다'일 것이고, 다음은 '화재로 몇 명의 사상자가 발생했고, 몇 시간 동안 불타서 얼마의 재산 피해가 났고, 화재 원인은 무엇이었다'일 것입니다.

기사가 더 이어진다면 '목격자 증언, 화재가 발생한 이유, 사망자의 안타까운 사연, 기적적인 구조' 등이 나오고, 그중 강조하고 싶은 내용은 박스 기사로도 덧붙여질 것입니다.

신문 기사가 이런 구조를 띠는 데는 이유가 있습니다. 기사 마감과 편집에 시간적 여유가 없고, 그런 가운데 지면 사정에 따라 원고량을 급히 조절해야 하는 경우가 자주 생기기 때문입니다.

즉, 200자 원고지 10장 분량의 기사를 여건에 따라 8장, 5장, 3장으로 줄여서 게재할 필요가 있을 때 어느 부분을 잘라 내도 별문제가 없게 하기 위해서입니다.

피라미드 구조의 쓰기법은 보통의 작문에도 적용할 수 있습니다.

시작 부분에는 쓰고자 하는 글의 요지를 배치하고, 그다음엔 왜 그렇게 생각하는지 좀 더 자세히 쓰고, 이어서는 준비한 에피소드와 사연을 펼쳐서 전하고자 하는 내용을 인상적이게 하고, 마지막엔 전체를 아우르는 마무리 글을 쓰는 겁니다.

신문 기사가 그렇듯 조금은 건조한 형태가 되겠지만 글쓰기가 서툰 사람이라면 익힘 과정으로 따라해 볼 만한 형식입니다. 특히, 기행문이나 보고서 등 현장 중심의 글인 경우 잘 어울립니다.

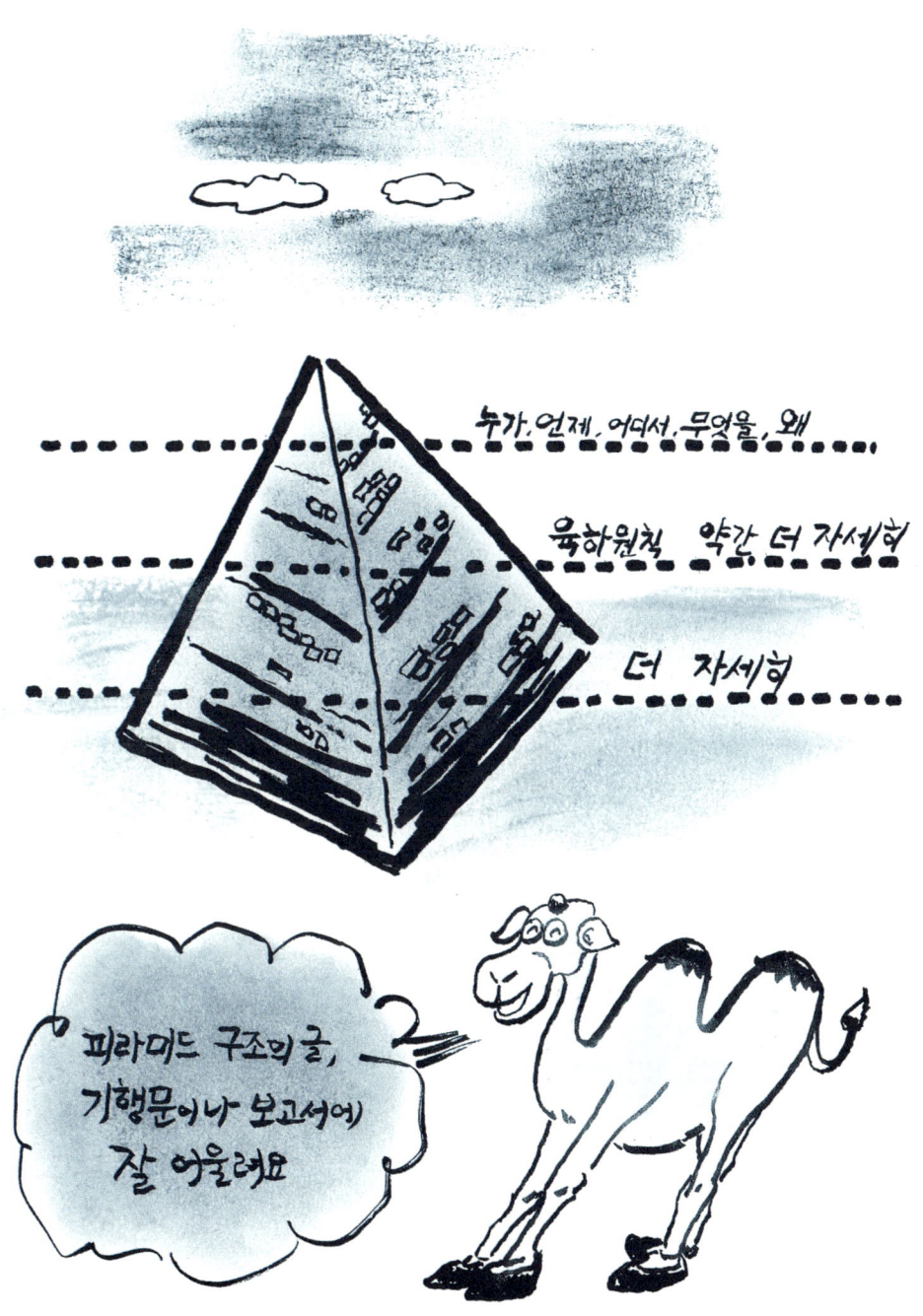

두괄식, 미괄식 정도는 알아 두자

알아 두면 좋을 대표적인 글쓰기 형식입니다. 말 그대로 두괄식(頭括式)은 글의 초반부에 주제 단락을 먼저 제시하는 것이고, 미괄식(尾括式)은 글의 후반부에 주제 단락을 배치하는 것입니다.

즉, 두괄식은 말하고자 하는 바를 먼저 드러낸 뒤 그것을 뒷받침하는 내용을 더해 가는 방식이며, 미괄식은 주제를 위한 정황이나 배경을 먼저 펼치고 그것을 근거로 후반부에 주제를 드러내는 방식입니다.

반드시는 아니지만 무언가 주장을 하는 논술문의 경우는 두괄식이, 생활 주변 이야기를 쓰는 산문은 미괄식이 어울립니다.

물론 두괄식이든 미괄식이든 '전'의 부분에 설득력 있는 주제 표현이 모이는 배치는 의당 중요합니다. 두괄식이라고 해도 먼저 제시한 주장이 빛을 발하자면 클라이맥스(전)에서 얼마만큼의 설득력을 띠는가가 관건이니까요.

 **작문 1편 써 두기**

제4~5강의 '연습해 봅시다'를 통해 만든 이야기나무 중 잘된 것 하나를 골라서 원고지 5~7매 분량의 작문 1편을 써 두세요. Part 2 학습에 필요합니다.

Part 1을 마치며

여기까지 오며 '글 쓸 때마다 이런 거 다 따져서 해야 하는 거야?' 하는 독자가 있을지 몰라 한 말씀 전합니다.

희망적인 얘기 하나 할게요. '좋은 글의 조건, 주제 담기, 이야기나무' 같은 것들이 익숙해지면 글쓰기 준비가 의외로 빠르게 이루어질 거란 사실입니다. 급할 땐 10~20분 만에도 웬만큼 구성이 갖추어진 이야기나무를 만들 수 있을 겁니다.

만약 학교에서 1시간 내에 작문을 제출해야 한다면 20분 정도 이야기나무를 구성하고 써 보세요. 나머지 시간 동안 오히려 더 빠르게 완성도 높은 글을 쓰게 될 것입니다.

그러니 글을 쓸 때마다 제1~5강을 다시 훑어보아(최소한 소제목들만이라도) 글쓰기 원리에 익숙해지도록 하세요. 😊

 # 독후감과 독서논술의 차이

독후감은 줄거리 쓰기가 아닙니다

　우리나라 학생들이 아마 가장 많이 쓰게 되는 글이 독후감(독서 감상문)일 것입니다. 대부분의 학교는 아예 독서 일기장을 마련해 정기적으로 책을 읽고 독후감을 쓰게 합니다.

　그래선지 글짓기대회에 나온 학생들에게 자유 소재로 글을 쓰라 하면 흔히 독후감을 써 냅니다. 그런데 그 글이 좀 이상할 때가 많습니다.

　80% 이상의 학생들이 줄거리 쓰기에 그치는 모습을 보입니다. 그리고 겨우 20% 안팎의 학생들만 줄거리에 더해 책에 대한 소감을 적어 독후감에 조금 가까운 원고를 냅니다.

　줄거리만 쓰는 원고, 줄거리를 쓰고 끝에 간단한 다짐(……해야겠다 식의)을 더하는 원고는 결코 독후감이라 할 수 없습니다.

　독후감은 말 그대로 '책을 읽은 후 느끼는 감상'을 적은 글입니다. 즉, 내가 읽은 책을 다른 사람에게 소개하듯이 자신만의 소감을 쓸 수 있어야 합니다. 줄거리는 소감을 전하기 위해 넣는 일부일 뿐입니다.

　책을 읽고서 소감이 없는 사람은 없을 것입니다. 내용과 느낌이 어떤 식으로든 머릿속에 잡히는 게 당연합니다. 독후감을 쓸 때 역점을 둘 사항도 책에서 얼마든지 챙길 수 있습니다. 머릿속에 강하게 남는 내용, 책 또는 저자가 전하고자 하는 사상(중심적인 생각), 그것에 대한 나의 의견 등이 그런 것들입니다.
 필요한 건 그것을 어떻게 글로 표현해 내느냐 하는 문제입니다. 과연 어떻게 쓰는 게 좋은 독후감일까요.

[이렇게 해보세요]

1. 책을 읽으며 미리 독후감 준비를 하자.
책 내용 가운데 줄거리에 활용할 부분은 A, 감상 쓰기에 활용할 부분은 B, 그 외 참고할 부분은 C 등의 방법으로 책에 미리 자신만의 표시를 해 둔다.
※빌린 책이어서 메모를 할 수 없을 때는 포스트잇을 붙여 A, B, C 구분.

2. 독후감의 방향 정하기(이야기나무).
독서를 마친 뒤 체크한 부분들을 글재료로 삼아 이야기나무를 만든다. 이때 가장 중점을 둘 독후감의 방향(자신만의 주제)도 정하도록 한다. 이게 제일 중요하다.
독후감의 방향을 정한다는 것은 '책 내용에 대한 공감 또는 반대', '주인공에 대한 나의 생각', '저자가 전하려는 주제' 등에 대한 나의 판단을 핵심 키워드로 적어 보는 일이다. 그래야 나만의 소감이 깃든 독후감을 쓸 수 있다.

3. 에피소드로 독후감을 더 풍성하게 하기.
독후감의 방향 표현에 도움이 될 에피소드도 책에서 골라 이야기나무에 기입해 둔다. 에피소드를 실제 본문에 쓸 때는 설명적이기보다는 강한 전달을 위해 되도록 원문의 분위기를 살리는 게 좋다.

예를 들어 위인전 《헬렌 켈러 이야기》라면, 말 못 하고 못 듣고 앞 못 보는 최악의 장애를 딛고 작가이자 교육자로 성공한 헬렌 켈러와 그녀를 지도한 위대한 스승 설리번의 사연을 드러낼 수 있는 장면이나 대사 일부를 직접 끌어오면 더욱 생생한 독후감이 될 수 있다.

4. 이야기나무 점검하기.
다 만든 이야기나무를 바탕으로 글설계를 점검한다. 물론 앞에서 배운 대로 분량 안배, 글재료 검토, 수정을 통해 더 나은 글설계가 되도록 해야 한다.

5. 정해 둔 방향에 맞춰 실제 쓰기.
글설계를 토대로 실제 독후감을 쓴다. 원고 쓰기는 정해 둔 주제에서 벗어나지 않도록 살피면서 자신의 생각(공감이든 비판이든)과 연결시키는 것이 핵심이다.

→ 위의 독후감 구성법과 함께 이 책의 "Part 2 – 실전 테크닉" 편에서 지도하는 문장 쓰기법을 익히고 나면 독후감 대회든 학교 제출용이든 상위 5% 이내에 드는 글을 쓸 수 있을 것이다.

독서논술을 알기 위한 '논술' 이야기

초등·중학생 자녀를 둔 부모들이 관심을 갖는 것 중에 독서논술이 있습니다. 나중의 대학입시 논술을 위한 기초 다지기의 좋은 방법으로 생각해 그런 것 같습니다.

그렇다면 먼저 '논술'이 무엇인지 알아야 독서논술도 잘 쓸 수 있을 것입니다. 논술은 한마디로 '근거 있는 주장 펼치기'라고 정의할 수 있습니다. 즉, '어떤 문제에 숨어 있는 논쟁거리를 찾아 해결책을 제시하는 글'이라고 하겠습니다.

예를 들면 이런 것입니다.

① '컴퓨터게임이 학생들을 망친다'라는 의견에 반박하여 청소년으로서의 '놀 권리'와 관련지어 게임의 필요성을 설득력 있게 주장할 수 있는 게 논술이며, ② '패스트푸드는 나쁘다'에 찬성하더라도 나쁜 이유만 잔뜩 늘어놓을 게 아니라 문화 현상으로 설명하며 개선할 방법을 제시해 볼 수 있는 게 논술입니다.

논술은 이러한 글을 아래와 같은 3단 구성에 맞춰 씁니다.

- 서론 – 선택한 주제의 글을 쓰는 이유, 글을 쓰게 된 정황을 드러내는 시작부.
- 본론 – 나의 주장과 근거 제시, 반대 의견에 대한 비판 등을 전개.
  (주장을 뒷받침하는 이론, 사례 등을 끌어오면 더욱 좋다)
- 결론 – 핵심적 주장을 재강조하면서 인상 깊게 마무리.

[요점 – 논술에 강해지려면]

논술에 강해지려면 평소 훈련이 필요하다. 다음이 그런 것들이다. 부모가 아이에게 자료를 찾아 주거나 대화 상대가 되어 준다면 더 효과적일 수 있다.

1. 문제의 이면에 관심을!
신문 기사나 생활 주변에서 소재를 골라 '왜 그런 일이 생겼는지', '관계된 사람들의 입장은 무엇인지', '어떤 대안이 가능한지' 등 문제의 또 다른 면에 대해 생각해 보는 것이 사고력을 자라게 한다.

2. 상대 입장에서 생각해 보기
자기주장에만 몰두하면 일방적인 내용의 글을 쓰게 될 위험성이 크다. 비판하는 힘을 키우자면 반대자의 입장에서도 생각할 줄 알아야 한다.

3. 주장과 근거 찾기
주장은 이유가 뒷받침되어야 힘을 받는다. 어떤 문제에 대해 주장할 때 그렇게 생각하는 이유와 근거를 논리적으로 같이 그려 보자.

4. 독서
논술은 현장에서 바로 써야 하는 경우가 많기 때문에 여러 지식이 풍부할수록 유리하다. 평소의 독서와 신문 읽기가 큰 도움이 된다. 특히 신문은 기사의 중요도에 따른 배치를 한눈에 볼 수 있어 인터넷보다 좋다.

5. 표현력 기르기
논술 계획을 그럴듯하게 세웠다 해도 글로 잘 표현할 수 없다면 헛일이다. 이 책이 알려 주는 글쓰기 원리를 잘 익히고 자주 글을 써서 경험을 늘려야 한다.

> **연습** 논술을 위한 이야기나무

다음 주제들을 논술 3단 구성, 즉 '서론·본론·결론'에 맞춰서 어떻게 쓸 건지 이야기나무를 만들어 보고, 그중 한 가지는 원고까지 완성해 보자.

1) 키가 작고 뚱뚱한 사람에 대한 왕따나 차별에 대해.

2) 다문화가정 아이들, 왜 무시하는가.

3) 한국은 집단이기주의가 너무 심하다. 님비현상(내 집 근처에 장애인 시설 안 된다 같은), 지역감정 등. 어떻게 개선할 수 있을까.

4) 어떤 문제든 대립되는 두 가지 의견이 팽팽한 경우가 많다. 그런 사례를 찾아서 대립 이유가 무엇인지, 어떻게 해결하는 게 좋을지 생각해 보자. 예)국립공원 케이블카 설치

5) 누려야 할 청소년 문화를 어른들은 '놀기'로 무시한다. 이런 어른들의 생각을 반박해 보자.

6) 선진국 시민들은 질서의식이 강하다. 그런 면에 한국인은 아직 인식(교통신호 무시 등)이 떨어진다. 그 이유와 고칠 수 있는 방법에 대해.

독서논술 쓰는 법

　독서논술은 논술과 독후감을 접목시킨 형태의 글이라고 할 수 있습니다. 그런 만큼 논술을 익히는 데 매우 도움이 됩니다.
　과제에 대한 주장, 비판, 근거 등의 요소를 스스로 마련해야 하는 일반 논술에 비해 일단 자신이 읽은 책이라는 재료가 주어져 있으니까요.
　다음은 독서논술 쓰기법에 대한 도움말입니다.

[요점 – 독서논술을 잘 쓰려면]

1. 독서논술은 읽은 책의 주제, 사상, 특정 대목 등을 기본 줄기로 놓고, 저자의 의도 또는 현실적인 문제와 관련지어 자신의 주장을 논리적으로 펼치는 게 핵심이다.
예)《흥부와 놀부》를 착한 흥부보다 게으른 흥부에 초점을 맞춰 자기주장을 쓸 수도 있다.

2. 주장하는 바가 힘을 얻자면 독후감과는 이야기나무 구성부터가 달라야 한다. 줄거리는 간략한 소개로 그치고 그보다는 내 주장과 관련되는 부분을 잘 챙겨야 한다.

3. 책 밖에서 내 주장에 대한 근거가 될 것들, 구체적인 예를 통한 뒷받침, 예상되는 반대 의견을 누를 수 있는 반박 논리 등도 중요한 글재료가 된다.

4. 위 요건을 토대로 이야기나무를 만든다. 기승전결 방식보다는 서론·본론·결론에 맞춰 적어 보자.

5. 독서논술과 두괄식, 미괄식
두괄식: 도입부에 먼저 자기주장을 내세움 → 왜 그래야 하는지를 서술 → 결론부에 자기주장 재확인.
미괄식: 자기주장으로 가기 위한 정황에서 시작(관찰 결과, 에피소드 등) → 주장에 대한 논리성 → 결론부에 자기주장 재확인.

 독서논술 직접 써 보기

1) 최근 읽은 책의 주인공 또는 작가에게 말하고 싶은 의견 적어 보기(400자 이상).

2) 책 주인공의 중요한 행동이나 판단을 지금 시대와 관련지어 옳은지 그른지 근거를 넣어서 적어 보기(400자 이상).

3) 위의 1), 2) 가운데 하나를 이야기나무 형태로 더 자세히 적은 뒤 독서논술로 써 보기.

동화를 통한 독서논술의 핵심 잡기

아래 도서는 동화지만 부모들이 봐도 좋을 명작들입니다.

이런 책도 모른다면 좋은 엄마 아빠라고 할 수 없으니(?) 지역 도서관에서 책을 찾아 한 번쯤 살펴 본 후 자녀의 독후감 또는 독서논술 지도를 위한 대화에 활용한다면 좋겠습니다.

자녀에게 책을 읽게 하고(이미 봤을 수도) 각 작품마다 제시한 '생각해 볼 거리'를 중심으로 독서논술을 쓰게 해보세요.

 저학년용

O 《강아지똥》(권정생)
- 너무도 하찮아서 바람, 새에게까지 무시를 당하다가 민들레꽃을 피우는 소중한 거름이 된 강아지똥. 평소 자신보다 못하다고 생각해 함부로 대한 친구는 없는지.
- 세상에 존재하는 것은 모두 쓸모가 있다는 자연의 가치에 대해 생각해 보자.

O 《내 짝꿍 최영대》(채인선)
- 시골에서 전학 온 최영대는 동작이 느리다는 이유로 왕따가 된다. 수학여행에서도 서러움을 당한 영대는 울음을 터뜨린다. 그때까지 영대가 우

는 모습을 본 적이 없던 친구들은 당황하는데…….
- 누군가를 괴롭히며 즐거워하는 아이들. 괴롭힘을 당하는 당사자가 나라면 얼마나 슬플까. 입장 바꿔 생각해 보기는 다른 사람에 대한 이해의 첫 걸음이다.

○ 《나쁜 어린이표》(황선미)
- 교실 벽에 붙은 나쁜 어린이표! 건우는 억울하게 나쁜 표를 받는 때가 많다. 그러다가 거꾸로 나쁜 선생님표를 만들어 자기 수첩에 붙이는데……, 이를 보게 된 선생님.
- 부모님과 선생님에게 억울하게 오해받은 경험. 그럴 때 어떻게 하는 게 좋은 방법일까.

○ 《내 이름은 삐삐 롱스타킹》(아스트리드 린드그렌)
- 삐삐는 부모가 없지만 못 하는 게 없다. 그러나 어른들이 보기엔 말썽쟁이이며, 게다가 꿈은 해적이 되는 것이다. 어린이라면 한 번쯤 품어 볼 만한 꿈같은 동화. 삐삐는 정말 말썽쟁이인가?
- 공부에만 매여 살기보다는 꿈과 세상에 대한 이해를 키우는 삶. 그러나 실천이 쉽지 않은데……, 어떻게 하면 좋을까.

○ 《찰리와 초콜릿 공장》(로알드 달)
- 가난하지만 순수한 소년 찰리와 가족이 있다. 신비의 초콜릿 공장으로

부터 초대를 받은 찰리와 네 명의 어린이. 상상의 나라 초콜릿 공장에서의 하루.

– 멋진 상상력으로 성공한 사람들의 이야기를 찾아보자. 다른 사람들과 무엇이 달랐을까.

○ 《개구리와 두꺼비는 친구》(아놀드 로벨)

– 친구에게 헌신적인 개구리를 통해 친구의 소중함을 일깨우는 동화.

– 나는 베푸는 친구인가 받는 친구인가. 자신의 경험을 돌아보아 진정한 우정에 대해 생각해 보자.

○ 《조커》(수지 모건스턴)

– 공부와 학원에 지친 아이들에게 노엘 선생님은 언제든 쓸 수 있는 자유의 티켓 '조커'를 나눠 준다. 꼭 하고 싶은 일이 있을 때 조커를 내밀면 선생님이 들어 준다.

– 배려는 멋진 일이다. 다른 사람을 아프게 하는 말을 하거나 다투는 것은 배려심보다 이기심을 앞세운 결과다. 나는 어땠는지 되돌아보자.

○ 《책 먹는 여우》(프란치스카 비어만)

– 주인공인 여우는 책을 밥으로 먹기 위해 도둑질을 한다. 정말 필요한 것이라면 훔쳐도 되는 걸까. 여우는 다행히 유명 작가가 되어 먹을 책을 해결하지만, 그렇지 못했다면 굶어 죽어야 하는 걸까. 어떤 해결 방

법이 있을까.
- 특이한 친구에 대한 이해. 어떤 게 더불어 사는 방법일까.
- 독서에 대한 비유로도 생각해 볼 수 있는 책이다. 여우가 책에 양념을 쳐서 먹고 더러운 종이를 먹었을 때 배탈이 났듯 좋은 책이 주는 즐거움과 나쁜 책이 주는 문제에 대해 이야기하는 것 같다.

○ 《종이밥》(김중미)
- 가난하지만 밝은 심성을 잃지 않는 철이와 송이 남매. 할아버지와 할머니는 송이를 더 좋은 환경에서 자라게 하기 위해 다른 집에 입양시키려고 데려갔다가 가족이 함께 사는 게 행복이라는 생각에 다시 데려온다.
- 부자는 행복하고 가난한 사람은 슬픈 것일까. 어떤 게 행복의 조건일까를 생각하게 하는 동화.

○ 《몽실 언니》(권정생)
- 6·25전쟁으로 고아가 된 주인공 몽실이의 고난과 동생들에 대한 희생을 그린 이야기.
- 작가는 평생 가난하게 살면서 책의 판매 수익을 기부했다. 2007년에 죽은 그는 이후의 수익도 모두 기부한다는 유언을 남겼다. 작가에 대

해 찾아보고, 그의 맑은 삶에 대해 생각해 보자.
- 전쟁은 많은 사람을 불행하게 한다. 그런데 왜 전쟁은 없어지지 않는 걸까. 북한의 끊임없는 도발을 보며 느낀 생각, 평화를 지키기 위한 조건에 대해 이야기해 보자.

○ 《우리들의 일그러진 영웅》(이문열)
- 옳지 않은 규칙에 대한 저항, 비겁과 거짓된 평화를 그린 소설.
- 책을 통해 작가는 무엇을 전하고 싶었던 걸까.
- 세상은 서로 다른 사람들이 모여 산다. 생각도 의견도 다르다. 더불어 사는 삶의 조건에는 어떤 것이 있을까.

○ 《샬롯의 거미줄》(엘윈 브룩스 화이트)
- 동물들의 우정과 자연 사랑을 다룬 동화.
- 바비큐가 될 처지이던 윌버(돼지)는 샬롯(거미)의 지혜로 목숨을 구한다. 이에 샬롯의 알의 부화를 돕는 윌버. 은혜에 대한 보답의 의미를 생각하게 하는 이야기.
- 상상력의 축복과도 같은 책이다. 나는 상상력을 키우는 삶을 살고 있는지, 그렇지 못하다면 무엇이 문제일까. 상상력을 키우기 위해 어떤 노력을 할 수 있을까.

○ 《마당을 나온 암탉》(황선미)
- 세 종류의 닭이 있다. 닭장 속의 닭, 마당에서 편하게 사는 닭, 마당을 벗어나 새 삶을 개척하려는 닭. 사람의 삶과도 비교될 수 있다.
- 병이 들어 구덩이에 버려졌다가 엄마가 되고 싶은 마음에 살아 나와 친구인 오리가 남긴 알을 부화시켜 훌륭하게 키우는 주인공 잎싹.
- 오리를 죽인 족제비도 새끼를 키우는 어미임을 알고 나중엔 스스로 그의 먹이가 되는 잎싹. 죽어서 하늘을 나는 잎싹의 모습은 감동적이다.
- 대가 없이 얻는 것은 없다. 삶에 대해 어떤 자세를 가져야 하는지 생각해 보게 하는 책.

○ 《마틸다》(로알드 달)
- 천재적 재능을 가진 소녀 마틸다, 사기꾼인 아빠, 허영과 노는 것만이 관심인 엄마가 등장인물로 나온다.
- 마음씨 고운 젊은 여선생 하니와 폭력적인 여교장. 마틸다는 뜻밖의 초능력으로 하니 선생님을 돕다가 나중엔 둘이 엄마와 딸처럼 같이 살게 된다.
- 내가 마틸다라면……, 나는 과연 밝고 슬기로운 아이라고 할 수 있을까.

○ 《만화 태일이》(박태옥 글, 최호철 그림)
- 전태일은 1960년대 노동운동을 하다가 죽었다. 죽음으로써 대항할 수밖에 없었던 이유와 그의 삶이 왜 지금도 존중받는지 생각해 보자.

- 현재도 우리 사회는 소외된 사람들에 대한 배려가 부족하다. 무엇이 문제인지 찾아보고, 더불어 사는 삶에 대해 생각해 보자.

○ 《문제아》(박기범)
- 책 속 단편 동화 '문제아' 편. 한 번의 폭력이 주인공을 문제아로 내몰리게 했다. 폭력은 내가 아무리 옳다 해도 단번에 입장을 불리하게 만든다.
- 주인공에게 쏟아지는 비판은 지나치게 차갑다. 그냥 문제아로 외면해 버리면 나머지 아이들(학급)은 편한 걸까. 그게 오히려 진짜 문제아를 만드는 건 아닐까.

명문장

다른 사람에게는 결코 열어주지 않는 문을,
너에게만 열어주는 사람이 있다면
그 사람이야 말로 진정한 친구다.

동화 《어린 왕자》(생텍쥐페리) 중에서. 말로써만이 아니라 마음을 열고
대하는 사람이 진정한 친구라는 것을 일깨워 주는 글.

Part 2

실전 테크닉… 쓰기는 이렇게!

소재는 괜찮은데 읽기 불편하고 재미없는 글이 있습니다.
문장이 바르지 않아 전달력이 떨어지기 때문입니다.
누구는 무엇이 틀렸는지도 모른 채 마구 쓰고,
누구는 어떤 게 맞는지 헷갈려 늘 자신이 없습니다.
Part 2는 바른 문장 쓰기에 관한 장입니다.
한국인이 한글 쓰면서 공통적으로 많이 틀리고
실수하는 것들이 있습니다.
그런 거 몰랐지요?
평소 가장 많이 놓치고 맞춤법 분량 면에서는 20~30%이되
활용 면에서는 작문의 대부분에 닿는 것들을 모았습니다.
주술관계, 문맥, 복합문, 조사, 문장 리듬, 퇴고법 등…….
소개된 것만 익혀도 별로 실수 없는 글을 쓰게 될 것입니다.

제6강

첫 단락은 글에 대한 첫인상!

> 첫 단락에 실패하면 읽는 이에게 나쁜 인상을 주어 뒤의 본문을 안 읽게 될 수 있다.

 Part 2를 시작하기 전에

제5강 끝에서 말씀드린 원고 1편 쓰기 실천했나요?

미처 못 썼다면 지금이라도 수행하기 바랍니다. 이제부터는 자신이 쓴 원고를 진도에 맞춰 고쳐 가면서 학습 효과를 더 높일 수 있도록 해보려 합니다.

제6강을 공부할 땐 자기 원고의 첫 단락을, 제7강을 공부할 땐 자기 문장의 주술관계(주어와 술어의 연결성)가 바른지 확인해 고치는 식으로 하는 겁니다.

수정이 많아지면 전체를 새 원고지에 깨끗하게 옮겨 적은 뒤 진도에 맞춰 계속 다듬어 가세요. 그렇게 제10강까지 마치면 훨씬 훌륭한 원고가 되고, 글솜씨도 불쑥 성장해 있을 것입니다.

본문에서 따로 지시하지 않아도 진도를 나갈 때마다 그날 내용을 토대로 자기 원고의 검토와 수정을 자동 이행하는 겁니다. 😊

처음 다섯 줄이 성공해야 읽는 이를 잡아요

　사람을 만날 때 첫인상이 중요하듯 글도 다르지 않습니다. 시작 부분은 읽는 이에게 글에 대한 첫인상을 전합니다. 원고지 다섯 장짜리 글이라면 처음의 5~10줄이 이에 해당합니다.

　특히 글짓기대회나 시험에 제출하는 원고라면 초반부가 차지하는 비중은 더욱 높아집니다. 심사위원은 짧은 시간에 수십, 수백 편의 글을 읽어야 합니다. 시작부터 별 느낌을 주지 못하는 글이라면 이내 책상 아래로 던져질지 모릅니다.

　시작 부분의 중요성은 영화나 드라마를 떠올려 봐도 쉽게 이해가 됩니다. 우당탕탕 관객을 놀라게 하는 시작이 있는가 하면(액션, 전쟁극), 귀엽고 감미로운 영상으로 분위기를 잡기도 합니다(《알프스 소녀 하이디》). 또, 일상의 아기자기한 모습으로 첫 화면을 여는 작품도 있습니다(《나 홀로 집에》).

　방법은 다르지만 나름대로 모두 목적성을 가지고 있는 시작입니다. 첫째는 어떻게 관객의 눈길을 잡을지 관심을 유도하는 것이고, 둘째는 영화 내용에 대한 암시(넌지시 알림)를 담고 있다는 점입니다.

　글의 시작도 읽는 이의 마음을 잡아야 한다는 것과 어떤 이야기를 펼쳐 갈 것이란 예고를 던진다는 면에서 중요합니다. 그렇다면 첫 대문을 어떻게 열면 좋을까요?

무겁지 않으면서 울림이 있게 시작하세요

그간 읽은 책들을 처음 잡았을 때의 느낌을 떠올려 보세요. 첫 대목부터 흥미를 당기는 책이 있고, 어딘가 불편해 마지못해 읽은 책이 있을 것입니다.

성공적인 첫 단락을 위해서는 최소한 두 가지를 놓치지 말아야 합니다.

첫째는 읽는 이가 글을 처음 대하는 만큼 무겁지 않고 흥미를 줄 수 있을 재료여야 합니다. 본론과 관계되는 가벼운 정보나 에피소드로 부담을 주지 않는 접근이 적절합니다.

특히 전체적으로 좀 딱딱하고 무거운 본문이 예상될 때는 부드러운 시작이 필요합니다. 두 가지쯤 생각했다가 '무겁지 않고 흥미를 줄 수 있는'이라는 조건에 더 어울리는 쪽을 선택하세요.

두 번째는 호감이 가는 문장입니다. 글이든 대화든 상대를 불편하게 해서는 곤란합니다. 쉽고 간결한 문장으로 읽는 이에게 울림(공감)을 줄 수 있어야 합니다.

여기서 울림이란 진동수가 같은 소리굽쇠의 한쪽을 치면 옆쪽도 같은 울림이 생기듯 읽는 이에게 공명을 줄 수 있는 시작이어야 한다는 겁니다. 좀 어려운 말이지만 아래의 예문을 보면서 이해하도록 해보세요.

다음은 《말·글 잘하게 하는 국어 이야기》(허준회 외)라는 책에서 찾은 첫 단락 사례 두 가지입니다. 무겁지 않고 공감을 줄 수 있는 시작이 어떤 것인지 비교해 보세요.

- 행복이란 무엇인가? 행복하게 사는 것 자체가 행복이다. 우리는 누구나 행복하게 살아야 한다. 그러지 않고 싶은 사람이 어디 있겠는가? 행복해지도록 노력하면서 행복하게 살아가는 것이 인생의 가장 큰 보람이다. (×)
- → 글쓴이만의 관점이 없고 상투적인 시작이다. 비슷한 표현이 반복되며 '행복하게 사는 게 보람이다' 라는, 누구나 할 수 있는 한마디를 한 게 전부다.

- 해마다 여름철이 되면 반갑지 않은 유행 때문에 어머니들은 괴로움을 당한다. 별 내용 없는 만화영화가 흥행하여 아이들이 어머니를 졸라 대기 때문이다. 만화영화를 보러가자는 것이다. (O)
→ 글쓴이의 관점이 드러나는 첫 단락으로 다음 내용이 어떻게 전개될까 궁금하게 하는 도입이다.

아동서와 초등학생 글에서 찾은 바른 방향과 나쁜 방향

 아동서 중에서의 예

○ 《닐스의 신기한 여행》(셀마 라게를뢰프)

한 소년이 있었다. 나이는 대략 열네 살, 옅은 황갈색 머리에 키가 크고 건강한 아이였다. 공부나 일은 그리 잘하지 못했다. 그저 가장 좋아하는 일이 먹고 자는 것이었고, 온갖 못된 장난을 치면서 즐거워했다.
→ 짧은 문장과 긴 문장을 교대로 넣어 순발력을 살렸고 주인공에 대해 호기심을 일으키는 정보를 제공하고 있다.

○ 《종이밥》(김중미)
"오빠, 아직 멀었어?"
"너, 자꾸 말 시킬래?"

"아, 심심해."

송이는 아까부터 방바닥에 엎드려 뭔가 끼적거리고 있는 철이가 못마땅하다. 송이는 철이에게 눈을 한 번 흘기고 종합장을 죽 찢어 입에 넣었다. 그리고 질겅질겅 씹기 시작했다.

→ 놀 상대가 없어 심심한 송이의 마음을 짧은 대화체와 행동으로 잘 드러내고 있다.

○ 《뉴턴, 달이 지구로 떨어지고 있다니!》 (권수진·김성화)

어린이 여러분! 이야기 하나 들어 볼래요?

삼백 년 동안 전해 내려온, 조용하고 괴팍하고, 고약하고 위대한 어느 과학자 이야기이지요.

옛날 영국에 아이작 뉴턴이라는 사람이 살고 있었습니다. 뉴턴 씨는……

→ 자칫 딱딱한 글이 될 수 있는 과학 도서이지만 옛이야기를 들려주는 듯 친근하게 시작을 열고 있다.

○ 〈환경오염〉 (문△초등학교 4학년 신○○)

나는 환경오염이 왜 발생하는 것인지 궁금하였다. 그 이유는 사람들 때문인것같다. 그렇게 생각하는 이유는 사람들이 아무데나 쓰레기를 버리고 오염된 물질을 대기중으로 방출하거나 하천으로 배출하기 때문이다. (X)

→ 초등학교 4학년생의 글이긴 하지만 너무 뻔한 시작이다.

○ 〈비만 해결〉(안△초등학교 5학년 노○림)

> 비만의 원인은 과식, 운동 부족 등으로 인해 비만이 된다.
> 비만을 극복 하려면 운동을 열심히 하고, 편식 하지 않으며, 음식을 적당히 먹어야 한다. (✗)

→ 역시 평범한 시작이며, 첫 문장은 주어와 술어에 단어(비만)가 중복되어 있다.

○ 〈책 먹는 여우〉 독후감(풍△초등학교 6학년 박○○)

> 나는 이번대회에 나가기위해 책 먹는 여우를 보게되었다. 먼저 책 먹는 여우는 제목 그대로 책을 여우가 먹는것이다. 내가 책을 읽는것은 좋아하지만 책을먹는것은 영 책 먹는 여우를 본뒤 책을 한번 물고 씹어보았다. (✗)

→ 6학년의 글이라고 하기엔 문장 전개가 유치하고 내용도 횡설수설하고 있다.

○ 《내 동생 성조가 태어나던 날》 (능△초등학교 3학년 김○희)

> 몇 년 전, 내가 5살 때 우리가족은 정말 슬픈 일이 있었다. 난 할머니 댁에서 자랐고, 엄마와 아빠는 맞벌이를 하시면서도 날 자주 찾아주시는 어느날이었다. (△)

→ 호기심 유발은 긍정적이지만 첫 번째 문장의 제시(슬픈 일)와 두 번째 문장이 화합되지 않는다. 두 번째 문장에서 네 가지의 전달(~자랐고, ~맞벌이 하는, ~찾아 주는, ~어느날이었다)을 한 문장에 담은 쓰기도 거슬린다.

○ 《노할머니를 생각하며》 (능△초등학교 6학년 최○원)

> 작년까지만 해도 나에게는 허리가 꼬부라졌지만 아주 멋쟁이 노할머니가 계셨다. 어머니와 내가 외할머니댁을 가면 4대가 모였다고 흐뭇해 하시며 식사도 하러가고 구경도 다니며 4대가 함께 재미나게 산다는 것을 자랑했었는데 외할머니께서 갑자기 편찮으신 바람에 노할머니를 부천 할아버지댁으로 모셔다 드렸다. (△)

→ 이야기에 대한 기대를 주는 첫 문장은 좋다. 그러나 두 번째 문장은 외할머니와 노할머니가 같은 사람이라는 의미 전달이 잘 안 되며, 여러 가지 전달을 한 문장에 담아서 장황하고 혼란스럽다.

○ 〈아낌없이 주는 나무〉 독후감(성△초등학교 4학년 동○빈)

이 글의 나무는 우리 부모님같다. 부모님은 우리 가족들을 위해 항상 희생적인 사랑을 하신다. 주인공 나무도 소년을 위해 모든 것을 다 주는데, 그 모습을 보면서 나는 나무도 부모님의 사랑을 가지고 있다고 생각했다. 나무와 소년은 친구였다. (○)

→ 나무가 소년에게 베푸는 고마움을 부모님의 사랑과 비유한 것이 참신하다. 우리가 부모의 은혜를 다 갚을 수 없듯 나무와 소년 사이에 어떤 일이 있었을까 기대하게 한다.

명문장

저는 마음이란 산란해지기 위해 있다고
생각합니다. 산란해지지 않는 마음은 이미
마음이 아닙니다. 權權이나 軍軍 같은 글자는 획들이
모두 확실하게 붙어 있지만 心心은 각각 떨어져 있습니다.
즉, 처음부터 산만한 상태라고 할 수 있습니다.
마음을 산란하게 하지 말라고 하는 것은 마음을 갖지
말라는 뜻이며, 깜짝 놀라고 두근거리고 용기없이
우물쭈물하는 등의 인간적인 감정을
갖지 말라는 뜻입니다.

동화 《어른들이 문제야》(고미 타로)

주술관계, 어순관계 제발 신경 쓰세요

> 문장의 기본 뼈대,
> 그러나 무심결에 놓치는
> 주어와 술어 오류.

우리말 문법 용어, 의미 정도는 알아야!

'문법'이라는 말에 골치가 아파질지 모르겠습니다. 하지만 차분히 이해해 보면 그리 어려운 것은 아닙니다. 이어지는 실전 쓰기 설명 중에 문법 용어가 더러 나오니 문장 속에서의 구별을 위해 조금 소개하도록 합니다.

1. 명사
    사람, 물건, 장소의 이름이나 추상명사('정신' '사랑'처럼 형태가 없는 명사)를 이르는 말.

2. 대명사

사람, 사물, 방향 등을 가리켜 그것을 대신 나타내는 말.

예) 그, 이것, 저쪽 등.

3. 수사

숫자나 순서를 나타내는 말.

예) 하나, 둘, 셋……, 첫째, 둘째, 셋째…… 등.

4. 조사

체언(명사, 대명사 등)이나 부사, 어미 뒤에 붙어서 단어의 성격을 나타내는 말.

예) 오늘 산에서(처소격 조사) 곰을(목적격 조사) 잡은 사람이(주격 조사) 우리나라의(관형격 조사) 최고 사냥꾼이다.(서술격 조사)

5. 동사

움직임을 나타내는 말로 용도에 따라 형태가 변한다.

예) '나는 비가 내리기를 기다린다' 같은 문장에서 내리다, 기다리다.

6. 형용사

성질이나 상태를 나타내는 말로 용도에 따라 형태가 변한다.

예) '원숭이 엉덩이는 빨개, 빨간 건 사과, 사과는 맛있어' 같은 문장에서 빨개, 빨간, 맛있어.

7. 관형사

형용사와 비슷하나 체언을 꾸며 주며 형태 변화가 없다.

예) 순 우리말, 헌 신발, 그 사람 등과 같은 표현에서 순, 헌, 그.

8. 부사

형용사나 동사를 꾸며 주는 말.

예) '그는 아주 빨리 달린다', '빵이 무척 먹음직스럽다' 같은 문장에서 아주, 빨리, 무척.

9. 감탄사

감정을 드러내는 독립된 말.

예) 와!, 에구머니 등.

> **TIP** 문법 용어
>
> - '사'(명사 등), '어'(주어 등), '언'(체언 등)의 차이
>
> ① '사'가 붙는 말: 낱말의 갈래(품사)를 뜻함. 예) 명사, 대명사, 수사, 동사 등.
>
> ② '어'가 붙는 말: 문장에서의 성분을 뜻함. 예) 주어, 목적어, 서술어, 부사어, 관형어 등.
>
> ③ '언'이 붙는 말: '사'가 붙는 말을 그 기능에 따라 묶은 것.
> 예) 체언(문장의 몸체가 되는 말 – 명사, 대명사, 수사) / 용언(동작이나 상태를 나타내는 말 – 동사, 형용사) / 수식언(꾸며 주는 말 – 관형사, 부사) / 독립언(독립된 말 – 감탄사)
>
> - 어간, 어미, 어근, 접두사, 접미사의 구별
>
> ① 어간(語幹, 말의 줄기)
> 용언에서 기본이 되는 바뀌지 않는 부분. 예) '보다, 보니, 보고'에서 '보~', '먹다,

먹니, 먹고'에서 '먹~'.

② 어미(語尾, 말의 꼬리)
용언에 붙어서 쓰임을 변하게 하거나 연결시키거나 마치게 하는 부분.
예) 먹는다, 먹어라(종결어미) / 먹고, 먹지만(연결어미) / 먹음, 먹기(명사형 어미) / 먹은(는), 먹을(관형형 어미) / 먹으니까, 먹다가(부사형 어미).

③ 어근(語根, 말의 뿌리)
단어에서 뜻의 근본이 되는 부분. 예) 덮개의 '덮~', 어른스럽다의 '어른'.

④ 접두사, 접미사(합쳐서 '접사接詞'라고 한다)
어근에 붙어 그 뜻을 더하는 부분. 어근 앞에 오는 접두사와 어근 뒤에 오는 접미사가 있다. 예) 풋사랑의 '풋'(접두사), 모양새의 '새'(접미사).

※문법 용어의 실제 예 보충
여닫다: 열(어근)+닫(어근)+다(어미)
더듬거리다: 더듬(어근)+거리(접미사)+다(어미)
드높이: 드(접두사)+높이(어근)

※조사와 어미 구별
조사는 주로 체언에 붙고, 어미는 용언에 붙는다. 단, 용언에도 어미가 첨가되면 조사가 붙을 수 있다.
예) 놀아도 봤다. '아'는 '놀다'의 '놀'에 붙은 어미, '도'는 조사.

주어와 술어를 바로 이어 보면 답이 보이죠

글은 내 손을 떠나면 다른 사람의 것이 됩니다.

학생 원고를 보다가 의미 전달이 불분명한 곳을 지적하면 '이건 이런 뜻이고요' 하며 말로써 설명하려 드는데 그때는 이미 늦은 겁니다. 교지에 쓴 글이라고 생각해 보세요. 전교생 하나하나를 붙잡고 잘못된 부분을 설명해 줄 수는 없지 않은지요?

어색한 문장을 만드는 대표적인 예는 주어와 술어(문장을 끝맺는 말)의 관계를 잘못 쓰는 경우입니다. 의외로 많은 사람들이 실수하고 잘못된 문장을 발견조차 못합니다. 어떻게 하면 이를 방지할 수 있을까요?

효과적인 방법이 있습니다. 되도록이면 주어와 술어의 사이를 가깝게 두는 것입니다. 혹 실수하더라도 빨리 알아챌 수 있고, 주어와 술어가 가까우면 읽는 사람도 내용을 이해하기 쉽습니다.

또, 이미 쓴 문장의 주술관계가 맞는지 확인할 때는 주어와 술어를 바로 연결해서 읽어 보는 게 요령입니다(둘 사이의 구절을 건너뛰어서). 이때 말이 자연스럽지 않다면 주술관계가 맞지 않는 것입니다.

아래는 주술관계가 틀린 문장의 예입니다. 정말 한 끗 차이로 이상한 문장이 될 수 있으니 잘 살펴서 실수하지 않도록 해야 합니다.

- 구리와 철은 내구성이 좋아서 도구나 무기를 만들어 썼다.

    → 중간에 '사람들이' 같은 일반 주어가 빠져 '구리와 철'이 무기를 만드는 주체가 된 어색한 문장이다.

    【수정】'구리와 철은…… 사람들이…… 무기를 만들어 썼다.'(주어를 살림) 또는 '구리와 철은…… 만드는 데 쓰였다.'

- 요즘 학생들을 보고 느끼는 것은 웃어른에 대해 예의가 없다.

    【수정】'학생들은 웃어른에 대한 예의가 없다.' 또는 '느끼는 것은…… 예의가 없다는 점이다.'

- 강원도 농·수 특산물은 최고의 품질을 보장합니다. – 강원도 홍보 광고

    → 품질을 보장하는 주체는 사람이나 단체여야 한다.

    【수정】'특산물은…… 품질임을 보장합니다.'(주어 생략 문장) 또는 '강원도는…… 보장합니다.'

- 우리나라의 무역품은 주로 부산, 군산 등의 주요 항구와 인천, 대구 등의 공항을 통해 이루어지고 있다.

    【수정】'무역품은…… 수출입 되고 있다.' 또는 '무역은…… 이루어지고 있다.'

복합문이 문장을 흔들리게 하니 조심하세요

- 그의 눈에는 벌써 눈물이 흥건해 있었고 무언가 거대한 힘에 쫓기는 듯한 공포감에 가득 차 있었다.

  → '눈에는' 이 두 번째 술어 '공포감에 가득 차 있었다'와 호응되지 않는다.

  【수정】눈물이 흥건해진 그의 눈은…… 공포감에 가득 차 있었다.

- 가뭄만 들면 논농사를 짓지 못하던 이곳 사람들도 이제는 물 걱정 없이 논농사를 짓게 되는 등 살기 좋은 고장으로 변하여 가고 있다.

  → 두 번의 술어가 나오며 헷갈린 문장이 되었다. 좋은 고장으로 변해 가는

건 사람이 아니라 지역이다.

【수정】'이곳 사람들도'를 '이곳도'로 바꾸면 두 술어 모두에 무난하게 연결된다.

이중 주어, 이중 술어에 실수하지 않기

- 나는 광철이가 수남이가 갑돌이가 돈을 훔치는 것을 보았다고 증언했던 일을 지금도 기억한다.

  → 광철, 수남, 갑돌 세 사람에게 같은 조사 '가'를 연속해서 붙여 혼란을 일으킨 문장이다. 의미 전달을 분명히 하기 위해 어순을 바꾸어 보았다.

  【수정】갑돌이가 돈을 훔치는 것을 수남이가 보았다고 광철이가 증언했던 일을 나는 지금도 기억한다.

 초등학생의 글에서 찾아본 어색한 주술관계 예

○ 〈정발산에 쓰레기를 버리지 말자〉(백△초등학교 4학년 이○은)

  나는 내가 어렸을 적에도 지금도 정발산을 많이 갔다와 보았다.

  → '지금도' 때문에 과거형 술어가 어색하다.

  【수정】'나는 어렸을 적부터 정발산을 많이 다녔다.' 또는 '나는 어렸을 적은 물론 지금도 정발산을 많이 다닌다.'

○ 〈한글과 외계어〉(문△초등학교 6학년 신○○)

> 사람들은 이러한 줄임말들이 우리의 고유언어인 한글을 사라지게 한다는 것을 알면서도 왜 계속 줄임말을 쓸까?

→ 주어와 술어가 너무 멀다. 주어를 가운데로 옮기는 게 좋을 것 같다.
【수정】이러한 줄임말들이…… 알면서도 사람들은 왜 계속 줄임말을 쓸까?

○ 〈환경오염〉(문△초등학교 4학년 신○○)

> 대기를 오염시키는 물질에는 공장과 자동차의 매연, 프래용가스등이 대기 오염을 시킨다.

→ '물질에는…… 시킨다'가 되어 주술관계가 맞지 않고, '대기 오염'이란 말이 주어부와 술어부에 겹쳐 있는 것도 거슬린다.
【수정】대기를 오염시키는 물질에는…… 등이 있다.

> 하천을 오염시키는 물질은 주방세제, 샴푸, 콜라, 비누 등이 있고……

【수정】'오염시키는 물질은…… 등이고' 또는 '물질에는…… 등이 있고'

긴 문장일수록 주술관계 명확히 해야

아래는 두 개 이상의 문장을 섞은 복합문의 보편적인 순서 흐름입니다. 앞 문장과 뒤 문장 안에 각각 '주어+목적어+술어'가 들어 있으면서, 전체적으로 앞 문장은 주어부, 뒤 문장은 술어부가 되는 형태입니다.

이런 경우 주어부의 실질적 주어(※아래 예문에서 '~더 좋아하는 것은')와 최종 술어와의 연결이 자연스러운지 꼭 살펴야 합니다. 이를 이해해야 긴 문장에서도 주술관계를 틀리지 않을 수 있습니다.

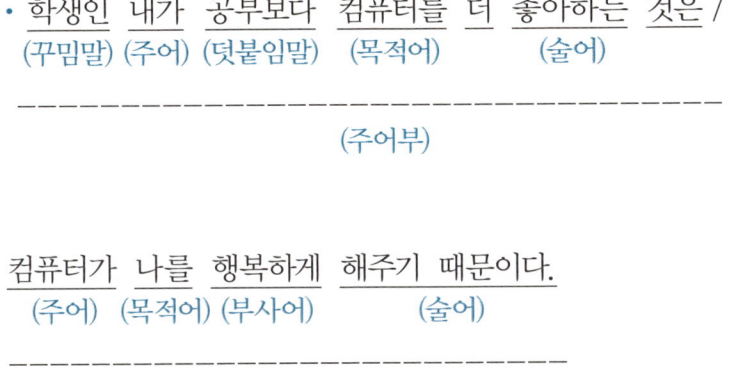

위에서 술어부의 끝에 연결어미(~고, ~며)를 넣고 뒤에 새로운 문장을 덧붙이면 더 긴 문장을 만들 수도 있을 것입니다. 그러나 그런 형태의 긴 문장은 쓰지 말기 바랍니다. 나쁜 문장은 문장을 늘이는 습관에서 비롯된다는 것을 잊지 마세요.

'한 문장에 하나의 전달을!' 만약 세 가지 이상의 얘기를 한 문장에 담고 있다면 최소한 두 개 문장으로 나누세요. 글을 깔끔하게 쓰고 실수하지 않는 가장 기본적인 방법입니다.

명문장

행복이라는 환상을 떨쳐 버리지 않는 한
인간은 불행에서 벗어나지 못할 것입니다.
행복하다는 사람, 잘 산다는 인간들, 선진국, 경제대국
이런 것 모두 야만족의 집단이지 어디 사람다운 사람 있습니까.
어쨌든 저는 앞으로도 슬픈 동화만 쓰겠습니다.
눈물이 없다면 이 세상 살아갈 아무런 가치가 없습니다.

아동문학가 권정생이 국어연구가 이오덕에게 보낸 편지 중에서.
수필집 《선생님, 요즘은 어떠하십니까》 수록.

바른 문장을 위한 열 가지 핵심 수칙

> 한국인이 한글 쓰면서 가장 많이 실수하는 것들.
> 글을 망치는 함정만 벗어나도 수준이 쑥!

글은 '주거니 받거니'의 연속

탁구를 잘 치는 두 친구가 있습니다.

그들의 경기를 보면 어떤 박자 같은 것이 느껴집니다. 똑딱똑딱 똑딱똑딱……. 두 사람이 공을 주거니 받거니 하는 랠리가 이어질 때의 모습은 아름답기조차 합니다. 반대로 탁구가 서툰 사람들은 바닥에 떨어지는 공을 줍기 바빠 게임이 자꾸 끊어집니다.

글쓰기도 이와 같아서 잘 쓴 글은 문장과 문장 간, 단어와 단어 간의 연결이 군더더기 없이 넘어갑니다. 주거니 받거니 하며 말의 랠리를 이어 가는 거죠.

그 연결은 정확한 문장에서 시작됩니다. 폼이 엉성한 선수가 좋은 경기를 할 수 없듯이 문장이 바르지 않으면 글에서도 삐거덕거리는 소리가 납니다.

글을 쓸 때 리듬이 바르게 가고 있는지 아닌지 느낄 수 있어야 합니다. 최소한 자신이 쓴 글을 검토할 때라도 어색한 연결을 발견할 수 있어야 합니다. 그래야 수정도 할 수 있으니까요. 다음이 그런 예입니다.

○ 〈약속〉(백△초등학교 4학년 이○은)

> 친구와 만나기로 했는데 못 만나고 늦게 올 때도 있었지요. 친구가 무척 기분 나빠 하였지요.

→ 뒤 문장을 보고서야 누가 늦은 건지 알 수 있어서 앞 문장이 부실하다.
【수정】친구와 만나기로 했는데 내가 늦게 가서 약속이 깨졌어요. 친구가 무척 기분 나빠 했지요.

> 한 가지 종류의 약속이 있어요. 자기 자신과의 약속이요.

→ '한 가지'와 '종류'라는 단어가 어울리지 않고 뒤 문장과도 호응이 별로다.
【수정】'약속 중엔 자기 자신과의 약속도 있어요.'로 고치는 게 적절.

능동과 수동, 한 문장에 섞어 쓰지 마세요

 능동(사동)은 내 의지가 담긴 행동이나 결정이며, 수동(피동)은 남으로 인해 이루어지는 행동이나 결정입니다. 입장이 반대인 이 같은 표현을 한 문장에서 같이 쓰면 어색한 문장이 되기 쉽습니다.
 더 심각한 문제는 그렇게 써 놓고도 무엇이 잘못되었는지조차 모른다는 겁니다. 아이, 어른 할 것 없이 생각보다 많은 사람이 이런 실수를 저지릅니다.

○ 〈약속〉(백△초등학교 4학년 이○은)

> 약속이란 깨질 수도 지킬 수도 있는 법이지요.

→ 한 문장 내 부조화(수동과 능동).

【수정】 '깨질 수도 지켜질 수도……' 또는 '깰 수도 지킬 수도……'

하나의 문장에 하나의 생각을!

조사 '~며' '~고' '~니' 또는 접속사로 자꾸 이으며 길게 쓰지 마세요.

장황하고 긴 문장은 읽는 이에게 혼란을 주고 어법도 틀리기 쉽습니다. 문장이 길어질 것 같으면 두 문장 이상으로 나누어 쓰세요.

하나의 문장에 하나의 생각을! 작문법 공부에서 유명한 말로, 한 문장에 하나의 전달만 담자는 뜻입니다. 꼭 그러긴 어렵겠지만 바른 문장 쓰기의 기본 중 기본입니다.

- 불을 만져 보고 뜨거움을 <u>느끼게 되면</u>, 불은 뜨거운 성질, 즉 열을 가지고 있는 물질이라는 것을 <u>알게 되니</u>, 이 체험으로 한 가지 지식을 <u>배운 것이다.</u> – 고등학교 교과서

  → 세 가지 전달을 한 문장에 담고 있다. 불을 물질이라고 표현한 것도 어색하다.

  (※불을 빛 입자의 모임으로 보아 물질이라고 말하는 사람도 있지만.)

【수정】 불을 만졌을 때 느끼는 뜨거움을 통해 불은 열을 가지고 있음을 알게 된다. 이 체험으로……

- 본 토지는 한국토지주택공사의 소유토지로서, 토지매수 등 문의사항은 LH콜센터로 연락주시기 바라며, 농작물 경작·무단 점유·쓰레기 투기 등의 행위는 금지하오며, 위반 시 관계 법령에 따라 처벌될 수 있음을 알려드립니다. - 거리에서 본 안내문

→ 네 가지 전달을 한 문장에 담아 장황한 안내문이 되었다(~의 소유다 / ~연락 달라 / ~금지한다 / ~처벌된다). 첫 줄에 '토지'라는 단어가 세 번 들어간 것도 거슬린다.

【수정】 본 토지는 한국토지주택공사의 소유로서 농작물 경작·무단 점유·쓰레기 투기 등의 행위를 금지합니다. 위반 시 관계 법령에 따라 처벌될 수 있으며, 매수 등 기타 문의사항은 LH콜센터로 연락주시기 바랍니다.
(※무단 사용 경고가 주목적인 듯해 순서를 바꾸고 두 문장으로 나누었다.)

두 가지로 해석되는 이상한 문장

책을 읽다 보면 뜻이 곧바로 잡혀 오지 않아 읽은 곳을 다시 볼 때가 있습니다. 버젓이 서점에서 팔리는 책에도 그런 문장이 적지 않습니다.

원인은 대개 이렇습니다. 주어와 숨은 주어가 섞여 있어 술어와의 연결이 모호하거나, 조사의 쓰임이 정확하지 않거나, 꾸미는 말(수식어)의 위치가 부

적절하거나, 단어 순서가 잘못되었거나 하는 경우입니다.

　해결법은 오해의 가능성을 아예 없애는 게 최상입니다. 아래 예처럼 주어나 수식어의 위치 변경, 쉼표의 활용, 문제가 되는 조사를 바꾸는 것으로 의미 전달을 분명하게 할 수 있습니다.

- 최 형사는 총을 들고 도망치는 도둑을 쫓고 있었다.

　→ 누가 총을 가지고 있다는 건지, 최 형사? 도둑?

　【수정】'총을 들고 도망치는 도둑을 최 형사가 쫓고……' 또는 '총을 든 최 형사는 도망치는 도둑을……'. 글쓴이의 의도에 맞는 문장으로 고쳐 써야 한다.

- 솔직히 이야기를 한 사람으로서 당황했다.

　→ '솔직하게 이야기한 사람', '솔직히…… 당황했다' 두 가지로 해석되고 있다.

　【수정】'이야기를 솔직하게 한 사람으로서……' 또는 '솔직히, 이야기를 한 사람으로서……'. 글쓴이의 의도에 맞는 문장으로 고쳐 써야 한다.

　(※쉼표를 넣으면 바로 술어에 닿아 '솔직히 당황했다'의 의미가 된다.)

- 우연히 잠든 어머니의 얼굴을 보았다.

　→ 의미상 '우연히…… 보았다'로 보이지만 '우연히 잠든 어머니'도 성립된다.

　【수정】'우연히, 잠든 어머니의 얼굴을 보았다.' 또는 '잠든 어머니의 얼굴을 우연히 보았다.'로 바꾸어 뜻을 분명히 해야 한다.

- 꽃꽂이로 지친 몸과 마음을 달래요.
  → 의미상 '꽃꽂이로…… 달래요'로 보이지만 '꽃꽂이로 지친 몸과 마음'도 성립된다.
  【수정】'지친 몸과 마음을 꽃꽂이로 달래요.' 또는 '꽃꽂이로, 지친 몸과……'

- 철이는 석이처럼 영화를 좋아하지 않는다.
  → '철이도 석이도 모두 영화를 싫어한다'와 '석이는 영화를 좋아하나 철이는 싫어한다'가 다 성립되어 잘못된 문장.

- 철이는 언제나 그렇듯이, 영어 공부를 나만큼 열심히 하지 않는다.
  → '나와 철이 모두 영어 공부에 게으르다'와 '나는 열심인데 철이는 게으르다'의 의미가 다 통해 모호한 문장.

잘못된 표현, 틀린 사실의 사용

　표기법을 잘못 알고 있거나 단어의 의미를 부정확하게 알아 틀린 문장을 쓰는 사람들이 많습니다. 작가들도 항시 국어사전을 곁에 두고 미심쩍은 단어는 수시로 찾아보곤 합니다. 표기법과 단어는 늘 의심하고 확인하는 습관을 가져야 합니다.

- 동서양 육대주에 대포 연기와 탄환 빗발이 끊일 날이 없으니……

- 남산 안중근 의사 기념관 비문에서

→ 움직임이 멈추는 것은 '그치다'이며, '끊이다'는 '단절'의 의미.

【수정】그칠 날이 없으니……

- 이 쇠똥 단지 속의 알은 그 쇠똥을 먹고 자라게 된다.

- 초등학교 교과서

→ 알 상태에서는 먹이를 먹을 수 없다.

【수정】알에서 나온 유충은……

- 그는 가장 우수한 선수 중 한 명이다.

→ 가장(부사), 최고(명사)라는 표현은 개체 하나에만 쓸 수 있다.

【수정】'그는 가장 우수한 선수다.' 또는 '그는 우수한 선수 중 한 명이다.'

단어 하나, 토씨 하나가 문장 전체를 어색하게 합니다

잘못 들어간 단어나 조사 하나가 문장 전체를 흔들리게 합니다. 우리말은 겨우 한 음절로 인해 문장이 이상해지는 경우가 매우 많습니다.

특히 '에', '의'와 같은 조사 사용에서 실수할 때가 많은데, 틀린 말을 썼을 때 '어! 이 문장 이상한데?' 하고 어색함을 느낄 수 있어야 합니다. 그래야 다시 생각해 보거나 국어사전으로 확인해 고칠 수 있으니까요. 그런 경험이 쌓이면 틀린 말을 발견하는 능력이 올라가 바른 문장 쓰기에 더 가까워질 것입니다.

- 공포 영화를 보는 한별이의 눈에는 공포감으로 가득 차 있었다.
  − 어린이 만화에서
  → 처소격 조사 '에는'과 주격 조사 '은'을 정확히 사용하자.
  【수정】'한별이의 눈은 공포감으로……' 또는 '한별이의 눈에는 공포감이……'

- 경이는 영수와 같이 늦잠을 자지 않았다.
  → '영수처럼'과 '영수와 함께'의 의미가 다 통하는 형태여서 부정확한 문장이다.
  【수정】'영수처럼 늦잠을……' 또는 '영수와 함께 늦잠을……'. 글쓴이의 의도에 맞는 문장으로 고쳐 써야 한다.

- 줄기에 맺은
  → 열매가 식물의 의지에 의해 생기는 것이 아니므로 보는 이의 시선에 비친 피동형이 더 적절하다.
  【수정】줄기에 맺힌

- 여름은 바다로 겨울은 산으로 가자.
  → 여름과 겨울이 여행을 가는 게 아니므로 부사격 조사 '에는'을 쓰는 게 더 적절하다.
  【수정】여름에는 바다로 겨울에는 산으로 가자.

- 태풍의 피해

    → 태풍이 피해자인 의미의 말이 되었다.

    【수정】'태풍 피해'(조사 생략이 더 자연스럽다) 또는 '태풍으로 인한 피해'

- 각 동네마다 전해라.

    → 한 문장에 복수형(각, 마다)이 겹쳤다.

    【수정】'각 동네에 전해라.' 또는 '동네마다 전해라.'

> **TIP 조사 생략 조심하세요**
>
> 조사를 틀리게 쓰는 것도 문제지만 함부로 빼도 말이 이상해진다.
> ① 미생물은 보통 현미경으로 보기 어렵다.
> → 현미경으로 볼 수 없다는 건지 평범한 현미경으로는 볼 수 없다는 건지 분명치 않다.
> 【수정】'미생물은 보통의 현미경으로……' 또는 '대부분의 미생물은 현미경으로……'. 글쓴이의 의도에 맞는 문장으로 고쳐 써야 한다.
>
> ② 나는 경주 박물관을 구경했다 / 나는 경주의 박물관을 구경했다.
> → '의'가 있고 없음에 따라 뜻이 다르다. 앞은 박물관 이름, 뒤는 경주에 있는 박물관이란 뜻이 된다.

괜한 접속사가 문장의 리듬을 끊어요

'그러나, 그리고, 그래서' 같은 접속사를 습관적으로 쓰는 사람들이 많습니다.

이건 뭐 거의 애용 수준입니다. 얘기를 나눠 보면 '이 대목에서 접속사가 있어야 할 것 같다. 없으면 뭔가 허전하다'고 하더군요. 하지만 접속사는 괜히 들어가 문장을 길게 만들고 전체 리듬을 해칠 때가 많습니다.

해결법은 간단합니다. 문장 속에 넣은 접속사를 잠시 지워 보는 겁니다. 그런 뒤 앞뒤 문장을 포함해 그 단락을 읽어서 의미 전달에 별문제가 없다면 과감히 빼세요. 불필요하게 들어간 경우입니다.

넣으려면 용법에 맞게 써야겠지만 생략 가능할 때도 많은 게 접속사입니다. 또, 아래 예처럼 길지 않은 문장인 경우 '서울은 한국의 수도이고 도쿄는 일본의 수도입니다', '나는 지쳤지만 포기하지 않는다'로 바꾸어 쓸 수도 있습니다.

[접속사의 용도]

- 그리고

  → 앞과 대등한 내용을 이어받거나 계속되는 동작이 올 때

  예) 서울은 한국의 수도입니다. <u>그리고</u> 도쿄는 일본의 수도입니다.

  왕은 잔을 높이 들었습니다. <u>그리고</u> 단숨에 들이켰습니다.

- 그러나, 그렇지만, 하지만, 그래도

  → 반대되는 내용이 나올 때

  예) 나는 지쳤다. 그러나 포기하지 않는다.

- 그래서, 따라서, 그러므로, 그러니까, 왜냐하면

  → 원인과 결과

  예) 나는 게을렀다. 그래서 꼴찌를 했다.

- 그런데, 그러면, 한편, 다음으로, 여기에, 아무튼

  → 상황 전환

  예) 나는 혼자 슬펐다. 그런데 엄마가 심부름을 시켰다.

같은 단어나 조사가 겹치지 않게 하세요

 글을 잘 쓰는 사람은 한 문장 내에서 같은 단어나 조사가 반복되는 것을 피합니다.
 문장 구성상 어쩔 수 없는 경우라면 아예 표현을 고치거나 비슷한 의미의 다른 단어로 바꾸기도 합니다. 같은 단어, 발음이 반복되면 문장 형태와 리듬이 매끈하지 않고 의미 전달에도 방해가 되기 때문입니다.

- 철수가 할아버지로부터 받은 돈으로 산 것으로 밝혀졌다.
  【수정】받은 돈으로 산 것이 밝혀졌다.

- 서울은 집이 방이 좁다.
  【수정】서울의 집은 방이 좁다.

- 학교에 다닐 수 있고 공부를 할 수 있고 매일 맛난 점심을 먹을 수 있는 것만으로도 우리는 아프리카 아이들보다 행복하다.
  【수정】학교에서 공부를 하고 매일 맛난 급식을 먹는 것만으로도 우리는……

- 우리 학교는 우리 도시에서 축구 실력이 1등인 학교다.
  【수정】우리 학교는 지역에서 축구 실력이 제일 뛰어나다.

초등학생의 글에서 찾아본 같은 단어 중복 예

○ 〈학생들의 유행〉(△△초등학교 6학년 전○○)

> 요즘 사람들은 유행에 너무 민감하다. 한때의 유행이 지나가고 다른 유행이 생기면 또 그 유행을 따르느라 불필요한 옷을 사고……

【수정】요즘 사람들은 유행에 너무 민감하다. 옷도 유행 따라 사서 잠시 입고, 또 새로운 바람을 좇아 무얼 살까 눈을 돌리고……

수동태 남발, 이중 수동은 나쁜 문장으로 가는 길

능동과 수동은 문장에서 '목수가 못을 박았다'(능동), '목수에 의해 못이 박혔다'(수동)와 같이 구분됩니다.

수동태는 영어에서는 흔하게 쓰지만 한국어에서는 원래 거의 쓰지 않던 어법입니다. 그런데 언제부터인가 우리글에 수동태 문장이 남발되고 있습니다. 심지어 '읽혀지는'(읽혀+지는)처럼 이중 수동도 습관적으로 쓰고 있습니다.

수동태 문장을 마구 쓰는 것은 심각한 표현 오염입니다. 수동태는 문장을 길고 산만하게 하여 글힘을 떨어뜨립니다. 많은 경우 긍정문으로 바꾸어 쓸 수 있으니 되도록이면 쓰지 말기 바랍니다.

- 어부에 의해(수동) 그물이 던져졌다.(수동)

  【수정】어부가 그물을 던졌다.(능동)

- 그는 왕초로 불리어졌다.(이중 수동)

  【수정】사람들은 그를 왕초라고 불렀다.(능동)

우리말 문장에서의 시제

한국어는 영어처럼 시제가 엄격하지 않습니다. 현재법과 과거법을 같은 의미로 쓸 때도 많습니다. 예를 들어 '1988년 나는 청운의 꿈을 안고 고향을 떠난다. 그해 서울에서 올림픽이 열린다.'처럼 과거 일을 현재법으로 써도 틀리지 않습니다.

또 소설에서는 인물의 동작 묘사를 흔히 과거형으로 씁니다. '철수는 뛰었다. 숨이 턱에 찼다.' 하는 식으로. 이처럼 일상의 문장에서 과거 시제로 현재를 표현하는 일이 흔합니다.

물론 우리말에도 현재, 과거, 미래 용법은 다 있습니다. 과거 시제는 '~었~', '~았~', '~ㅆ~'을 붙여서 만들고, 미래 시제는 '~겠~'을 붙이거나 '~ㄹ 것이다' 형태로 쓰는 게 대표적입니다.

시제 사용에서 주의할 것은 현재법과 과거법을 섞어 쓰는 경우입니다. 아래 TIP의 예문 중 '그는 모자를 쓰고…… 등산을 갔다.'처럼 연속 동작을 표현할 때는 마지막 술어만 과거형으로 씁니다.

- 현재: 먹는다, 간다
- 과거: 먹었다, 갔다
- 미래: 먹겠다, 먹을 것이다

하나 말할 것은 '~었었다' 형태의 대과거입니다. 대과거는 영어에서 온 것으로 우리말에는 없을뿐더러 더 앞의 시제를 의미하지도 않으니 쓰지 말기 바랍니다.

- 10년 전에 도망쳤(었)던 너는 3년 전에 잠시 돌아와 돈까지 훔쳐 갔다.
  → 괄호 안의 '었'을 살리지 않아도 대과거 표현에 아무 문제가 없다.

> **TIP** 시제와 관련해 조심해야 할 것들
>
> 다음은 틀리기 쉬운 시제 문제입니다.
> ① 정든 님이 오시는데 인사를 못 해.
> → 이미 굳어진 노랫말이어서 그냥 쓰고 있지만 시간 순서상 '오셨는데 인사를 못 해.'가 맞다.
>
> ② 지난주 그는 모자를 쓰고 타이를 매고 구파발에 내려 등산을 갔다.
> → 지난 행동을 두 가지 이상 나타낼 때 앞 동작은 현재 시제로 쓰고 마지막 동작만 과거 시제로 쓴다.

쉽고 간결한 글이 강한 글이다

> 짧고 쉬운 문장은 글을 잘 쓰는 사람들의 대표적인 공통점이다. 문장을 늘이는 습관, 이제는 그만!

한눈에 냉큼 읽히지 않으면 나쁜 문장이에요

 제2강에서 '좋은 글은 문장이 간결하다'고 한 말을 한 번 더 강조합니다. 제8강에 나왔던 '하나의 문장에 하나의 생각을!'도 여기에 같이 필요합니다.

 간결한 문장은 맞춤법 실수를 줄이는 데도 도움이 됩니다. 문장이 장황하고 맞춤법까지 틀리면 의미 전달이 혼란스러워져 읽는 이가 특정 대목을 다시 봐야 하는 일이 생깁니다. 더 심하면 아예 덮어 버리게 될 수도 있고요.

 자신이 쓰는 문장이 자주 길어진다면 이렇게 해보세요. '수식하는 말 적게 쓰기', '띄어쓰기 기준으로 10단어 안에 한 문장 마치기' 같은 규칙을 정해 놓고 써 보세요. 간결하게 쓰기를 습관 들이는 데 도움이 될 겁니다.

✏️ 간결한 글로 바꾼 예

○ 〈할머니와 노란 민들레꽃〉(내△초등학교 5학년 허○혁)

> "학교에 다녀왔습니다!"
> 동생과 내가 대문을 열고 마당에 들어섰을 때, 할머니께서는 수돗가 한쪽에 웅크리고 앉으셔서 빨래를 하시다가 우릴 보시고는 웃으시며 손짓을 하셨다. 나와 동생은 그런 할머니의 모습이 무엇을 뜻하는지 알고 있다.
> "할아버지께서 응가 하셨으니 냄새가 좀 날 거야. 민주랑 밖에 나가 조금 있다가 들어오렴." 마루에서 뒷정리를 하시면서 엄마께서 말씀하셨고, 우리는 "괜찮아요, 할아버지께 다녀왔습니다, 하고 나올게요." 하고 말씀드리며 할아버지 방의 손잡이를 잡았다.

→ 대화체 다음 첫 문장의 묘사가 장황하다. 대문 열고, 마당에 들어서고, 웅크리고 앉고, 빨래하고, 우릴 보고 웃고, 손짓하고. 무려 여섯 개! 또 두 번째 대화체 " "와 행동 설명이 엉성하게 뒤섞여 혼란스럽다.

【수정】"학교에 다녀왔습니다!"
동생과 내가 마당에 들어섰을 때 할머니는 수돗가 한쪽에서 빨래를 하고 계셨다. 그러다 우릴 보고는 웃으며 손짓을 하셨다. 나와 동생은 그런 할머니의 모습이 무엇을 뜻하는지 알고 있다.
마루에서 뒷정리를 하시던 엄마가 "할아버지께서 응가 하셨으니 냄새가 좀 날 거야. 민주랑 밖에 나가 조금 있다가 들어오렴." 하신다. 나는 "괜찮아요. 할아버지께 인사드리고 나올게요." 하고는 할아버지 방의 손잡이를 잡았다.

이중 부정은 되도록이면 쓰지 마세요

　이중 부정이란 '~해야 한다'라고 하면 될 걸 '~하지 않으면 안 된다' 식으로 쓰는 걸 말합니다. 강조 용법으로 쓰기도 하지만 이중 부정이 잦으면 문장의 리듬을 둔하게 하여 읽는 이를 피곤하게 합니다. 다음이 그런 예입니다.

- 그렇게 말할 수는 <u>없지</u> <u>않을까</u> 생각된다.
  【수정】그렇게 말할 수는 없다.

- 누구나 행복을 바라지 <u>않는</u> 바는 <u>아니다</u>.
  【수정】누구나 행복을 바란다.

추상어보다는 구체적 표현을 담아서

글에서 추상적이라 하면 막연하고 불분명하다는 뜻입니다.

흔히 보는 사례가 '최고로 뛰어난 선수' '매우 강력한 태풍' 같은 표현입니다. 이 말만으로는 어떻게 뛰어난지, 얼마나 강력한지 알 수 없습니다. 별생각 없이 이런 표현을 쓰는 사람이 매우 많습니다.

기왕 쓰는 수식어라면 가급적 구체적인 정보를 담아서 전해야 합니다. '최고로 뛰어난 선수'보다는 '슈팅 성공률 50%를 넘는 슛도사', '매우 강력한 태풍'보다는 '초속 40m를 넘는 역대 두 번째 풍속의 태풍'이 훨씬 실감 나는 표현입니다.

이렇게 쓰자면 계획한 글과 관계되는 자료나 정보를 정확히 챙겨야 되겠죠. 평소 그런 마음을 가지고 있으면 글을 쓸 때 자료를 자연스레 확인하게 되어 더 정확한 글을 쓰게 됩니다.

- 관객이 수없이 많았다.

  【수정】관객이 4만 명이나 들었다.

- 거의 완료되었다.

  【수정】90% 진행되었다.

설명보다는 상황 묘사가 더 감동을 준답니다

제2강에서 '설명보다는 그림이 보여야 글에 탄력이 생긴다'라고 했던 말 기억하나요? 그래요. 설명하는 스타일은 아무래도 지루하죠. 그보다는 현장을 보여 주듯 묘사하거나 대화체를 넣으면 더 생동감이 생깁니다.

예를 들어 '영하의 굉장한 추위였다'가 설명투라면 '불어온 바람에 코끝이 아렸다'는 묘사에 해당합니다. 또 대화체는 마치 현장의 소리를 들려주듯 상황을 더 생생하게 전해 줍니다.

아래는 전경 묘사와 대화체가 어울린 소설의 한 부분입니다.

- 〈소나기〉 (황순원 단편소설)

  허수아비가 서 있었다. 소년이 새끼줄을 흔들었다. 참새가 몇 마리 날아간다.

  '참 오늘은 일찍 집으로 돌아가 텃논의 참새를 봐야 할 걸.' 하는 생각이 든다.

  "아, 재밌다."

  소녀가 허수아비 줄을 잡더니 흔들어 댄다. 허수아비가 자꾸 우쭐거리며 춤을 춘다. 소녀의 왼쪽 볼에 살포시 보조개가 패었다.

  → 현장을 보여 주는 듯한 묘사가 느껴지는지. 소년과 소녀의 서로 좋아하는 마음이 복선(은근한 전달)으로 깔려 있고, 딴청을 피우는 대사(아, 재밌다)도 이후 전개에 호기심을 갖게 한다.

수식어는 강조어 또는 긴 수식어를 먼저 쓴다

글을 쓰다 보면 여러 개의 수식어를 넣어야 할 경우가 있습니다. 그런 때는 다음처럼 순서를 잡으세요. 강조하고 싶은 수식어 〉 긴 수식어 〉 짧은 수식어. 읽기 리듬상 제일 정돈감이 있어 보입니다.

- 언제까지도 잊지 못할(강조) 뽀얀 얼굴이 인상적인(긴 수식어), 그 옛날의 영희.

- 내가 중학생이 됐을 때 아빠가 사 주신(긴 수식어), 이제는 색 바랜(다음으로 긴 수식어), 빨간 장갑.

다양한 끝말로 맛을 달리해 보세요

우리말은 문장이 '~다'라는 술어로 끝나는 경우가 대부분입니다. 생활어에서는 '~했어', '~거야' 등 다양한 말이 등장하지만 문장에서는 확실히 '~다'가 참 많이 나옵니다. 그러다 보니 외국인이 우리나라 TV 뉴스를 보면 내용은 몰라도 '~습니다'가 유독 도드라지게 들린다더군요.

문장에서 끝말(글꼬리)은 글맛을 내는 데 중요합니다. 술어를 '했다, 말했다, 것이다' 등의 '~다' 일색으로 마치기보다는 변화를 주어 보세요. 다 쓴 뒤

다시 보며 중간중간 몇 군데 손질하는 것만으로도 글 분위기를 달리할 수 있답니다. 체언(명사, 대명사, 수사), 말줄임표, 감탄형, 의문형 마침 등이 그런 것들로 아래는 한번 바꾸어 본 예입니다.

- 글감에 대한 공감 없이는 좋은 글을 쓸 수 없다.
  【수정】공감 없이 좋은 글을 쓸 수 있겠는가.

- 아버지는 늘 따뜻하셨다.
  【수정】'늘 따뜻하셨던 아버지.' 또는 '늘 따뜻하셨던 아버지…….'

- 따듯함이 없는 부자는 이웃의 의미를 모를 것 같다.
  【수정】부자가 이웃의 소중함을 알 리 없지.

다만 마침 부분을 다양하게 한다고 뜻을 부정확하게 마치거나 속어, 외국어를 남발해서는 곤란합니다. 예의 없는 글이 되고 무엇보다 의미 전달이 불분명해질 수 있습니다.

제2강의 소제목 중 하나인 '문장 끝이 분명하다'에서 언급한 지못미(지켜주지 못해 미안해) / 쩐다(대단하다) / 간지난다(멋지다) / 어솨요(어서 오세요) / 짱난다(짜증난다) 같은 말이 그런 예입니다.

이런 속어와 표준어를 구별하지 못하는 학생도 상당수입니다. 적어도 작문에서는 쓰지 말아야 할 표현들입니다.

단락을 잘 끊어야 정돈감이 살아요

단락은 몇 개의 문장이 모여 하나의 '부분적 이야기'를 구성하는 글 덩이입니다. 이 가운데 1~2개 문장은 단락의 핵심을 이루는 중심문이고, 나머지는 중심문을 보충하는 보조문이라고 앞에서 설명했습니다.

앞에서 소개한 〈할머니와 노란 민들레꽃〉을 예로 든다면 "할아버지께서 응가를 하셨으니……"가 중심문이고 그 앞뒤는 보조문입니다.

제2강에서 말했듯 글을 못 쓰는 사람은 보조문이 빈약해 중심문만 이어 붙이곤 합니다. '할아버지가 응가를 했다. 연세가 들면 다 그런가. 난 건강하게 살아야겠다'는 식으로 사실관계만 쓰고 마는 거죠. 보조문을 잘 쓰려면 중심문과 연관되는 얘깃거리를 키워 나갈 수 있어야 합니다.

단락은 글 전체를 질서 있게 하고, 산만함을 방지해 줍니다. 그런 성과를 제대로 얻자면 줄 바꿈을 통해 단락을 잘 끊을 수 있어야 합니다. 이때 감각적으로 줄을 바꾸기도 하지만 몇 가지 기준이 있습니다. 아래는 대표적인 예입니다.

[이런 데서 단락을 바꾸자]

1. 글의 내용이 바뀔 때

2. 인물, 장소, 시간이 바뀔 때

3. 특정 문장을 강조하고자 할 때 그 문장을 독립시킴

4. 대화체 또는 인용된 단락을 넣을 때 등

숫자 표기, 이렇게 정리하세요

글을 쓸 때 숫자 표기를 통일감 있게 제대로 하는 사람이 거의 없습니다.

숫자는 전체 한글, 전체 숫자, 한글과 숫자 섞어 쓰기 중에서 선택할 수 있지만 같은 원고 내에서라면 표기법을 통일해야 합니다. 가령 '15세'와 '열다섯 살'이라는 표현을 같은 원고에 쓰는 것은 옳지 않습니다.

또, 고유어(순우리말)는 고유어끼리, 한자어는 한자어끼리 쓰는 게 바른 표기법입니다. '6달(육 달)'이 아니라 '여섯 달'(고유어) 또는 '육 개월'(한자어)이라고 적는 거죠.

- 6달
    → '6달(육 달)'은 읽기, 쓰기 모두 부적절.
    【수정】'여섯 달' 또는 '6개월'

- 19살
    → '19살(십구 살)'은 읽기, 쓰기 모두 부적절.
    【수정】'19세' 또는 '열아홉 살'

단위가 긴 숫자를 쓸 때는 일명 '4단위 표기법'이 편리합니다. 신문사에서 흔히 쓰는 방식으로, 백만 단위 이상 많은 숫자의 읽기 혼란을 방지할 수 있는 표기법입니다.

- 7,867,703,500원 / 7,800,703,500원

  → 아래처럼 '조' '억' '만' 단위에 한글을 넣으면 그 사이에 들어가는 숫자가 4단위를 넘지 않아 전달이 분명하고 읽기 편하다.

  【수정】 78억 6,770만 3,500원 / 78억 70만 3,500원(※4단위 표기법 사용)

숫자 띄어쓰기는 전체 한글인 경우와 '숫자+한글'인 경우를 구분해 아래처럼 씁니다.

- 한글로만 표기한 숫자 띄어쓰기

  → '조' '억' '만' 단위에서 띄어 쓴다. 위의 숫자를 쓴다면 '칠십팔억 육천칠백칠십만 삼천오백 원.

- 숫자와 한글을 같이 쓸 때

  → '60원' '502호' 처럼 숫자와 한글을 붙여 쓴다.

마무리는 버리기와 여운 주기!

※여운(餘韻): 인상적인 느낌을 남김

> 글을 세련되게 하는
> 최후의 무기!
> 반드시 챙겨야 할 퇴고.

끝까지 왔다고 다 쓴 게 아니에요

다 쓴 글을 마지막으로 손질하는 것을 '퇴고(推敲)'라고 합니다.

어떤 사람은 '나는 글을 한 번에 뚝딱 쓴다'며 자랑하는데 솔직히 말해 작가 중에도 그런 식으로 원고를 끝내는 사람은 없습니다. 좋은 글은 몇 번이고 고치는 과정을 거쳐서 나옵니다.

먼저 개별 문장보다는 글 전체적인 면에서 점검합니다.

이야기나무로 구성한 내용들이 계획대로 잘 안배됐는지, 생각은 억지스럽지 않은지, 특정 대목이 부실하지 않은지, 단락과 단락이 자연스럽게 연결되는지 등이 주요 점검 대상입니다.

그 판단은 누군가 내 글을 읽을 때를 가정해 상대의 기준에서 하기를 권합니다. 예를 들어 우리 동네를 소재로 쓴 글일 때 모든 사람들이 그곳에 대해 잘 아는 건 아닙니다. 당연히 좀 더 친절한 쓰기가 필요할 것입니다.

전체 내용을 점검하다 보면 특정 대목의 위치 이동, 추가, 삭제해야 할 부분이 눈에 띌 수 있습니다. 글의 완성도를 높여 줄 발견이니 귀찮아 하지 말고 적극적으로 고치기 바랍니다.

특히 강조하여 말합니다. 빼기를 아까워하지 마세요. 주제 전달에 별로 기여하지 못하는 부분이나 비슷한 문장이 중복되어 있다면 일순위로 삭제해야 할 대상입니다. 삭제는 글을 더 날렵하고 반짝거리게 해 줄 것입니다.

문장을 10% 짧게 줄이며 마쳐 보세요

이번엔 개별 문장에 대한 다듬기입니다.

다 쓴 글을 읽어 보면 장황한 문장, 반복된 단어, 앞뒤 연결이 어색하거나 부정확한 구절이 끼어 있을 수 있습니다. 또 잘못된 주술관계, 부적절한 조사 사용도 발견될 수 있습니다.

모두 글의 완성도를 떨어뜨리는 것들입니다. 이런 문제들을 스스로 진단해 고칠 수 있어야 진짜 실력이 올라간 겁니다. 문장 다듬기로 다음의 방법을 제시합니다.

첫째, 쓴 글을 입말로 읽어 보세요. 소리 내어 읽으면 앞뒤와 어울리지 않는 문장, 없어도 될 구절 등이 더 잘 보입니다. 단락 속에서 중심문과 보조문이 서로 잘 호응하는지 특히 잘 살피세요.

둘째, 긴 문장은 아예 두 문장 이상으로 나누어 쓰세요. 문장을 짧게 가져가면 글에 탄력과 속도감이 생기고 의미 전달이 한결 분명해집니다.

셋째, 지금까지 공부한 작문법을 총동원하여 문제 되는 부분을 고치세요. 주술관계, 접속사, 조사, 단어 순서, 수식어 등이 주요 검토 대상입니다.

넷째, 각 문장의 길이를 10~20% 줄인다는 느낌으로 다듬어 보세요. 다 해당되지는 않겠지만 더 간결한 문장으로 바뀌거나 불필요한 단어가 지워지게 될 것입니다.

 문장 다듬기의 예

- 집집마다 장독대 외에 '물독대'라는 것을 따로 두고 사시사철 내리는 빗물을 받아 긴요하게 사용했던 조상들의 지혜가 새삼 그립기만 하다. 물 절약 운동에 나부터 솔선수범하는 자세를 보여야 할 때다. – 세계일보 기사

【수정】장독대 옆에 '물독대'라는 빗물 저장소를 두었던 우리 조상들. 사시사철 내리는 빗물을 받아 썼던 그 지혜가 그립기만 하다. 물 절약은 나부터 생활 속에서 실천해야 할 일이다.

- 햇살이 화사하게 내리쬐이는 어느 화창한 봄날이었다.

  → 밑줄 친 부분은 거의 같은 말로 한쪽의 생략이 가능하다.

  【수정】'화창한 봄날이었다.' 이렇게 툭 던지듯 쓰는 게 더 멋진 한마디일 수 있다.

- 나는 피어오르는 안개 속을 걸어 신비 가득한 숲 속으로 걸음을 옮겼다.

  → 단어는 다르지만 안개 때문에 신비해진 것을 늘여서 표현했다. '걸어'와 '걸음을 옮겼다'는 중복된 표현이다.

  【수정】'나는 피어오르는 안개 속을 걸어 숲으로 들어갔다.' 정도로 간결하게 쓰고, 숲의 신비로움은 이어지는 문장에서 묘사해도 된다.

○ 〈우리 가족〉(한△초등학교 3학년 서○예)

> 원래 삼촌은 진짜 우리가족은 아니지만 아직 결혼을 하지 않으셔서 우리집이 큰집이여서 이곳에서 살고 계십니다. 그럼 본격적으로 우리가족들을 소개해 드릴게요. 그럼 삼촌부터 우리 삼촌은 아직 결혼을 하지 않으셨어요. 근데 전 삼촌이 빨리 결혼하셨으면 좋겠다고 생각해요.

→ 삼촌이 결혼하지 않은 사실을 반복하고 있고, '않으셔서, 큰집이어서, 이곳에서, 그럼'은 조사와 단어가 겹쳤다. 맞춤법도 틀렸다. '큰집이어서' '드릴게요'가 바른말.

【수정】삼촌은 가족은 아니지만 아직 결혼을 하지 않으셔서 큰집인 우리 집에 살고 계십니다. 어쨌든 우리 집에 사니 지금은 가족인 셈이죠. 그럼 본격적으로 우리 가족을 소개해 드릴게요.

여운을 주는 끝맺음 방법

권투처럼 라운드마다 점수를 매기는 경기의 경우 마지막 라운드에서의 인상적인 공격은 심판들의 마음을 끌어 경기의 승패에까지 영향을 미칩니다.

글에서도 끝 단락과 끝 문장은 글 전체를 인상 짓는 부분으로 매우 중요합니다. 이렇듯 인상적인 느낌을 남기는 것을 '여운(餘韻)'이라 합니다.

대개는 할 말을 거의 다 쓴 결론부에서 살짝 빠져나와 전체를 마무리하는 문장을 쓰게 되는데, 읽는 이의 가슴에 남을 마침이 되도록 해야 합니다. 다음은 그 몇 가지 방법입니다.

[끝맺음 이렇게]

1. 글쓴이의 마음을 보여 주는 '비유'로 마치기
   기분, 기대 등을 직설적이기보다는 자연, 사물 등을 통해 드러내며 마치는 방식.
   예) 그리고 구스타보는 문을 활짝 열어 밖으로 나갔어요. 거리에는 화창한 아침이 밝게 빛나고 있었어요. - 동화《무서움을 이겨 낸 구스타보》(리카르도 알칸타라)

2. 인용으로 마치기
   내용 중에 나오는 인물의 인상적인 말, 주제와 연관되는 유명 구절(성경, 금언 등), 또는 대화체 등을 따옴표(" ")에 담아 마무리에 배치하는 방식.
   예) 그의 마지막 말이 오래도록 가슴에 메아리쳤다. "우리가 정녕 사랑했던 게 맞죠?"

3. 도치 마침법
   문장이나 단어의 배열 순서를 바꾸어 강한 인상을 남기는 방식.

예) 아아, 누구인가. (※맨 뒤로 가야 할 문장이 앞으로 나왔다.)
이렇게 슬프고도 애달픈 마음을
맨 처음 공중에 달 줄을 안 그는. - 시 〈깃발〉(유치환)

4. 생략 마침법

글꼬리를 생략하며 마치는 방식. 단, 지나친 생략으로 의미 전달이 불분명해져서는 곤란하다.

예) 그러다가 열어젖힌 곁창으로 새어 들어오는 늦가을 맑은 햇빛 속에서 송영감은 가던 걸음을 멈추었다. 자기가 찾던 것이 예 있다는 듯이. - 단편소설 〈독 짓는 늙은이〉(황순원)

5. 본문의 핵심을 재강조

가장 보편적인 마치기 방법이나 흔한 문장이 되지 않도록 주의하자. 예를 들면 '양재천이 깨끗해져 정말 좋다'보다는 '나는 오늘도 양재천 길을 걷는 기분 좋은 산책에 나선다'가 더 맛깔스럽다.

예) 뒷날 고구려는 지금 우리가 사는 한반도는 물론이고 중국 대륙까지도 들썩거리게 할 만큼 크고 힘센 나라가 되었단다. - 동화 《새 하늘을 연 영웅들》(정하섭)

🖉 초등·중학생 글 속의 끝맺음 예

○ 〈편지가 주는 추억〉(신△초등학교 4학년 이○구, 새마을문고 백일장)

　※본문은 엄마와 나눈 편지 등 생활 속 편지에 얽힌 이야기.

> 나도 누구의 마음속 깊이 소중하게 생각되는 편지 한 장을 쓰고 싶다. 곱게 책 사이에 끼워 둔 단풍잎 한 장을 넣어서 말이다.

　→ 본문과의 연장선에서 서정적으로 마무리.

○ 〈할머니와 노란 민들레꽃〉(내△초등학교 5학년 허○혁, 새마을문고 백일장)

　※본문은 치매를 앓는 할아버지의 똥 묻은 옷을 빨래하는 할머니에 대한 이야기.

> 그날, 할머니와 엄마와 나는 수돗가 한구석에 피어난 노란 민들레꽃을 보면서 아주 많이 웃었고 아주 많이 행복했다.

　→ 본문에서 살짝 비켜나 상징적 소품(민들레꽃)을 끌어와서 마무리.

○ 〈노할머니를 생각하며〉(능△초등학교 6학년 최○원, 새마을문고 백일장)

※본문은 돌아가신 외할머니를 추억하는 이야기.

> 그러므로 내 자신도 부모님을 존경하고 효도하며 형제간의 우애를 지키고 가족끼리 똘똘 뭉쳐 살아가야겠다. 노할머니! 하늘나라에 가시니까 편하시죠? 모든 일에 열심히 하는 희원이 손녀 많이 응원해 주세요. 노할머니! 사랑해요.

→ 따뜻한 끝맺음이지만 방식은 다짐투+대화체로, 평범하다.

○ 〈나의 든든한 후원자 나의 가족〉(백△중학교 1학년 이○아, 새마을문고 백일장)

※본문은 중국 연수를 가서 가족과 떨어져 지내며 알게 된 가족의 소중함에 대한 이야기.

> 정작 가족이 없다면 우리는 아무것도 할 수 없고 가족과 함께 사는 것보다 행복할 수 없을 것이다. 5월 '가정의 달'을 맞아 가족들과 함께 지내면서 가족의 소중함과 사랑을 느끼고 감사하는 마음을 가져야겠다. "사랑하는 나의 가족! 아빠, 엄마, 병욱아 사랑해. 그리고 항상 내 곁에 있어 줘서 고마워!"

→ 평범한 마무리 단락. 대화체 맺음이 마음은 느껴지나 흔히 보던 것이다.

○ 독후감〈요술연필 페니〉(성△초등학교 6학년 신○원, 새마을문고 백일장)

※본문은 연필통 속의 볼펜, 지우개 등 의인화된 문구들이 서로 잘난 척하고 시기하고 이해하는 과정 속에 저마다의 소중한 역할을 깨닫게 된다는 동화 내용에 대한 독후감.

> 나는 어떨까. 겁을 먹고 도와주지 못하는 필기구에 속할까? 이기적인 매직펜에 속할까? 아니면 용감하고 의리 있는 수정액에 속할까? 나는 아마도 필기구에 속할 것이다. 하지만 앞으로 나는 조금씩 수정액을 닮아 갈 것을 약속할 수 있다.

→ 일부 반복된 표현(속할까, 속할 것이다)이 거슬리지만 필기구의 특성들을 자기 마음에 비유해 멋진 마무리 단락을 만들어 냈다.

제목도 한 번 더 검토를!

　제목은 읽는 이를 글 속으로 들어오게 하는 대문과도 같습니다. 여러 편의 글이 모인 문집을 예로 들면, 책장을 넘기다가 끌리는 제목에 손길이 멈춰 그 글을 읽게 된 적이 있을 겁니다. 반대로 책장을 그냥 넘기게 하는 평범한 제목도 있습니다.

　이제부터는 제목도 읽는 이를 생각하며 붙일 수 있기를 바랍니다. '반드시'는 아니지만 끌리는 제목에는 몇 가지 요건이 있습니다. 사람들에게 오래 기억되는 광고 문안이나 도서 제목은 그런 면에 좋은 참고가 됩니다.

아래 광고 문안과 도서 제목을 보며 공통점을 발견해 보세요. 그에 대한 정리는 이 단원 끝에 붙였습니다.

[광고 문안 예]

ⓐ집 나가면 개고생이다 ⓑ긴 통화는 KT전화로! ⓒ니들이 게 맛을 알어? ⓓ침대는 과학입니다 ⓔ남자는 여자 하기 나름이다 ⓕ여러분 부자 되세요 ⓖ꿈은 이루어진다! ⓗ오늘 먹을 치킨을 내일로 미루지 말자 ⓘ국가대표 보일러 ⓙ배우던 나라에서 가르치는 나라로

[눈에 띄는 도서 제목 예]

㉠바보처럼 공부하고 천재처럼 꿈꿔라(반기문 전기) ㉡이 아침 축복처럼 꽃비가(장영희 글 모음) ㉢세상은 나에게 모든 걸 가지라 한다(외국 도서 ※성공 여성 이야기) ㉣텅 빈 충만(법정 스님 에세이) ㉤꿈꾸는 다락방(이지성 ※성공 관련) ㉥스토리가 스펙을 이긴다(김정태 ※상투적이라면 '자격증보다 나만의 경험, 생각을 쌓아라' 정도로 뽑았을 것이다) ㉦해를 품은 달(정은궐 소설) ㉧1그램의 용기(한비야)

이 책에 나온 초등·중학생 글의 제목 예

단어 한둘을 연결한 평범한 제목이 많았다. 적어도 '우리말과 나라 사랑' 같은 식의 무덤덤한 제목은 피하도록 하자.

- 〈한글과 외계어〉(문△초등학교 6학년 신○○)
- 〈쓰레기로 지구를 뒤덮을 건가?〉 ※원제목 '쓰레기'(풍△초등학교 6학년 변○○)
- 〈환경오염〉(문△초등학교 4학년 신○○)
- 〈비만 해결〉(안△초등학교 5학년 노○림)
- 〈내 동생 성조가 태어나던 날〉(능△초등학교 3학년 김○희)
- 〈노할머니를 생각하며〉(능△초등학교 6학년 최○원)
- 〈정발산에 쓰레기를 버리지 말자〉(백△초등학교 4학년 이○은)
- 〈약속〉(백△초등학교 4학년 이○은)
- 〈우리 가족〉(한△초등학교 3학년 서○예)
- 〈할머니와 노란 민들레꽃〉(내△초등학교 5학년 허○혁)
- 〈편지가 주는 추억〉(신△초등학교 4학년 이○구)
- 〈나의 든든한 후원자 나의 가족〉(백△중학교 1학년 이○아)

그렇다면 좋은 제목은 어떤 것일까요?

위에 소개한 광고 문안과 도서 제목에서 공통점을 찾아보기로 합니다. 본문과 연관되면서 아래와 같은 조건을 충족하면 꽤 괜찮은 제목이 될 것입니다. 잘 이해하여 앞으로 글 제목을 뽑을 때 참고할 수 있기를.

[좋은 제목을 뽑는 방법]

1. 한 번에 읽히도록 리듬이 살아 있어야 한다.

    예) 위 ⓑ스토리가 스펙을 이긴다

2. 추상어보다는 쉬운 구어체를 쓰자.

    예) 위 ⓒ세상은 나에게 모든 걸 가지라 한다

3. 글 내용을 은연중 드러내는 제목.

    예) 위 ⓜ꿈꾸는 다락방 ※어려운 처지(다락방) 속의 희망(꿈)을 상징

4. 명령형 끝말은 느낌이 강렬하다.

    예) 위 ㉠바보처럼 공부하고 천재처럼 꿈꿔라

5. 마음을 적시는 구문도 좋다.

    예) 위 ㉡이 아침 축복처럼 꽃비가

6. 부조화를 조화시킨 역설적 표현.

    예) 위 ⓞ1그램의 용기 ※작은 용기를 1그램이라는 무게로 표현

    ㉣텅 빈 충만 ※욕심을 버린 만족을 '비웠으나 꽉 찼다'라고 표현

명문장

"우리라고 하지 마! 엄마랑 나는 달라. 다르다고!"
"왜 좀 다른 게 어때서? 서로 달라도 얼마든지
사랑할 수 있는 거야."

동화 《마당을 나온 암탉》(황선미) 중에서. 아기청둥오리
'초록머리'와 엄마인 '잎싹'의 대화.

최소한의 맞춤법

출처: '한글 맞춤법' 문교부 고시 제88-1호(1988. 1. 19) 중에서

【띄어쓰기 원칙】

- 조사는 그 앞말에 붙여 쓴다.

  꽃마저 / 꽃밖에 / 꽃에서부터 / 꽃으로만 / 꽃이나마 / 꽃처럼 / 어디까지나 / 웃고만

  [보충] 조사란 그것과 만나는 말의 문법적 기능을 표시하는 말로, 앞말과 붙여 쓰는 것이 원칙이다. 조사가 둘 이상 겹쳐지거나 조사가 어미 뒤에 붙는 경우에도 붙여 쓴다.
  - 조사 둘 이상: 집에서처럼 / 학교에서만이라도 / 여기서부터입니다. / 어디까지입니까.
  - 용언+어미 뒤의 조사: 나가면서까지도 / 들어가기는커녕 / 옵니다그려.

- 의존 명사는 띄어 쓴다.

  아는 것이 힘이다. / 나도 할 수 있다. / 먹을 만큼 먹어라. / 아는 이를 만났다. / 네가 뜻한 바를 알겠다. / 그가 떠난 지 오래다.

  [보충] 의존 명사는 홀로는 그 뜻이 불완전한 경우가 많지만 하나의 단어로 보아 띄어 쓴다.
  다만 같은 형태여도 아래처럼 다르게 쓰일 수 있으니 주의해야 한다.

(1) 들

'남자들, 학생들' 처럼 단어에 붙어서 복수를 나타낼 때는 접미사여서 붙여 쓰지만,

• 쌀, 보리, 콩, 조, 기장 들을 오곡(五穀, 다섯 가지 곡식)이라 한다.

와 같이 두 개 이상의 사물을 열거할 때는 의존 명사이므로 띄어 쓴다.

(2) 뿐

'남자뿐이다, 셋뿐이다'처럼 체언 뒤에서 제한하는 뜻을 나타낼 때는 접미사여서 붙여 쓰지만,

• 웃을 뿐이다. / 만졌을 뿐이다.

와 같이 용언 뒤에서 '~할 따름'이란 뜻을 나타낼 때는 의존 명사이므로 띄어 쓴다.

(3) 대로

'법대로, 약속대로' 처럼 체언 뒤에서 '그와 같이'란 뜻을 나타낼 때는 조사여서 붙여 쓰지만,

• 아는 대로 말한다. / 약속한 대로 이행한다.

와 같이 용언 뒤에 위치하면 같은 뜻이어도 의존 명사이므로 띄어 쓴다.

(4) 만큼

'여자도 남자만큼 일한다. 키가 전봇대만큼 크다.' 처럼 체언 뒤에서 '그런 정도로'의 뜻을 나타낼 때는 조사여서 붙여 쓰지만,

• 볼 만큼 보았다. / 애쓴 만큼 얻는다.

와 같이 용언 뒤에 위치하면 같은 뜻이어도 의존 명사이므로 띄어 쓴다.

(5) 만

'하나만 알고 둘은 모른다. 이것은 그것만 못하다.' 처럼 체언에 붙어서 한정 또는 비교의 뜻을 나타낼 때는 조사여서 붙여 쓰지만,

- 떠난 지 사흘 만에 돌아왔다.

와 같이 지나간 시간을 나타낼 때는 의존 명사이므로 띄어 쓴다.

(6) 지

'집이 큰지 작은지 모르겠다.' 처럼 쓰이는 '~지'는 용언에 붙은 어미의 일부이므로 붙여 쓰지만,

- 그가 떠난 지 보름이 지났다.

와 같이 용언 뒤에서 지나간 시간을 나타낼 때는 의존 명사이므로 띄어 쓴다.

■ 보조 용언은 띄어 씀을 원칙으로 하되 경우에 따라 붙여 씀도 허용한다.
(ㄱ을 원칙으로 하고, ㄴ도 쓸 수 있음)

ㄱ	ㄴ
불이 꺼져 간다.	불이 꺼져간다.
내 힘으로 막아 낸다.	내 힘으로 막아낸다.
어머니를 도와 드린다.	어머니를 도와드린다.
그릇을 깨뜨려 버렸다.	그릇을 깨뜨려버렸다.

[보충] 다만 앞말에 조사가 붙거나(용언+연결어미+조사 형태) 앞말이 합성 동사인 경우, 그리고 중간에 조사가 들어갈 때는 그 뒤에 오는 보조 용언을 띄어 쓴다.

- 잘도 놀아만 나는구나! / 책을 읽어도 보고…….(앞말에 조사 있음)
강물에 떠내려가 버렸다.(합성 동사) / 잘난 체를 한다.(중간에 조사 있음)

또, 용언의 '~아/~어' 뒤에 '~서'를 넣어 두 가지 행동이 될 때는 뒷말이 보조 용언이 아니므로 띄어 쓴다.
- 고기를 잡아 본다 → 잡아본다. / 고기를 잡아서 본다.
  사과를 깎아 드린다 → 깎아드린다. / 사과를 깎아서 드린다.

[보충] 많이들 틀리는 '것 같다', '것같다' 어느 쪽이 맞을까?
'같다'는 불확실한 단정을 나타내는 형용사로, 띄어 쓰는 게 기본이다.
- 무슨 일이 있는 것 같다. / 비가 올 것 같다.

'같다'의 활용형인 '같은'도 띄어 쓴다.
- 백옥 같은 피부 / 우리 선생님 같은 분 / 말 같은 말을 해야지.

다만 '감쪽같다, 꿈같다, 주옥같다, 한결같다' 등은 굳어진 합성 형용사로 보아서 붙여 쓰며, 어미 '~은'이 붙어 활용될 때도 '감쪽같은, 꿈같은, 주옥같은, 한결같은'과 같이 붙여 쓴다.

■ 단위를 나타내는 명사는 띄어 쓴다.
한 개 / 차 한 대 / 소 한 마리 / 옷 한 벌 / 열 살 / 연필 한 자루 / 집 한 채 / 신발 두 켤레

[보충] 다만 순서를 나타내거나 숫자와 어울려 쓰는 경우에는 붙여 쓸 수 있다.
- 삼학년 / 제일과 / 육층 / 1446년 10월 9일 / 2대대 / 16동 / 502호
  제1실습실 / 80원 / 10개 / 7미터

연월일, 시간 등도 붙여 쓸 수 있다.

- 일천구백팔십팔 년 오 월 이십 일 → 일천구백팔십팔년 오월 이십일
  여덟 시 오십구 분 → 여덟시 오십구분

다만 수효를 나타내는 '개년, 개월, 일(간), 시간' 등은 붙여 쓰지 않는다.
- 삼 (개)년 / 육 개월 / 이십 일(간)

■ 수를 적을 때는 '만(萬)' 단위로 띄어 쓴다.
십이억 삼천사백오십육만 칠천팔백구십팔 또는 12억 3,456만 7,898

[보충] '만, 억, 조' 및 '경(京), 해(垓)' 단위로 띄어 쓰는 것이다.
다만 돈의 액수를 적을 때는 위조·변조를 방지하기 위해 붙여 쓰는 게 관례로 되어 있다.
- 일금: 삼십일만오천육백칠십팔원정 / 돈: 일백칠십육만오천원

■ 두 단어를 이어 주거나 열거할 때 쓰는 말들은 띄어 쓴다.
국장 겸 과장 / 열 내지 스물 / 청군 대 백군 / 책상, 걸상 등 / 이사장 및 이사들 / 부산, 광주 등지

■ 한 음절로 된 단어가 연이어 나타날 때는 붙여 쓸 수 있다.
그때 그곳 / 좀더 큰 것 / 이말 저말 / 한잎 두잎 / 내것 네것 / 이집 저집 / 한잔 술

[보충] 글을 띄어 쓰는 것은 그 의미를 쉽게 알 수 있도록 하려는 데 목적이 있다. 그런데 한 음절로 이루어진 단어가 여럿 이어지는 경우 '좀 더 큰 이 새 집'처럼 띄어 쓰면 읽기 불편할 수 있어 붙여쓰기를 허용한 것이다.

- 성과 이름은 붙여 쓰고, 이에 덧붙은 호칭, 관직명 등은 띄어 쓴다.
  김양수(金良洙) / 채영신 씨 / 최치원 선생 / 박동식 박사 /
  충무공 이순신 장군 / 강 선생 / 이 여사

  [보충] 성이 두 자여서 이름과 성과 호를 분명히 구분할 필요가 있을 경우에는 띄어 쓸 수 있다.
  · 남궁억 – 남궁 억 / 독고준 – 독고 준 / 황보지봉 – 황보 지봉

- 고유 명사는 단어별로 띄어 씀을 원칙으로 하되 단위별로 붙여 쓸 수 있다.
  (ㄱ을 원칙으로 하고, ㄴ도 쓸 수 있음)

ㄱ	ㄴ
대한 중학교	대한중학교
한국 대학교 사범 대학	한국대학교 사범대학

- 전문 용어는 단어별로 띄어 씀을 원칙으로 하되 붙여 쓸 수 있다.
  (ㄱ을 원칙으로 하고, ㄴ도 쓸 수 있음)

ㄱ	ㄴ
만성 골수성 백혈병	만성골수성백혈병
중거리 탄도 유도탄	중거리탄도유도탄

  [보충] 명사가 관형어의 꾸밈을 받거나 두 개 이상의 체언이 접속 조사로 연결될 때는 붙여 쓰지 않는다.
  · 간단한 도면 그리기 / 쓸모 있는 주머니 만들기
    아름다운 노래 부르기 / 바닷말과 물고기 기르기

【틀리기 쉬운 단어들】

가리키다 – 손가락으로 먼 산을 가리키다.
가르치다 – 선생님이 글을 가르치다.

가르다 – 편을 가르다.
갈음하다 – 새 책상으로 갈음하였다. ※'대신하는 것, 대체하는 것'을 의미.

가없는 – 부모와 선생님의 가없는 은혜. ※끝이 없다.
가엾은 – 가엾은 전쟁고아들.

거름 – 풀을 썩힌 거름, 비료.
걸음 – 빠른 걸음.

거치다 – 부산을 거쳐 왔다.
걷히다 – 돈이 잘 걷힌다.

걷잡다 – 걷잡을 수 없는 상태.
겉잡다 – 겉잡아서 이틀 걸릴 일. ※어림잡아서, 대략.

굳다 – 단단하다. 굳게 뭉치자.

궂다 – 오늘 날씨가 매우 궂다. ※'나쁘다'의 의미.

그러므로 – 그는 부지런하다. 그러므로 잘 산다. ※'그러하기 때문에'의 의미.
그럼으로(써) – 그는 열심히 공부한다. 그럼으로(써) 은혜에 보답한다.
　　　　　　※'그렇게 하는 것으로써'의 의미.

깊다 – 물이 매우 깊다.
깁다 – 떨어진 옷을 '꿰매다'의 의미.

나아가다 – 전진해 가다.
나가다 – 밖으로 나가다.

낫 – 풀을 베는 ㄱ자 모양의 칼.
낟 – 곡식의 알. 이 보리는 낟이 굵다.
낱 – 한 개 한 개라는 뜻. 낱낱이 다 주워라.

노름 – 도박. 노름판이 벌어졌다.
놀음(놀이) – 즐거운 놀음.

느리다 – 진도가 너무 느리다.
늘이다 – 고무줄을 늘인다. ※원래보다 길게 하다, 아래로 처지게 하다.

늘리다 – 수출량을 더 늘린다. ※크게 하거나 많게 하다.

다리다 – 옷을 다려라.
달이다 – 한약을 달여라. ※약 성분이 우러나게 오래 끓이는 것.

대다 – 물건에 손을 대다.
데다 – 불에 데어 화상을 입다.

대로 – 네 마음대로 해라.
데로 – 네가 있는 데로 나도 간다. ※'곳'의 의미.

던지 – 어찌나 많이 먹었던지. ※지난 일을 나타내는 말.
든지 – 가든지 말든지 마음대로 해라. ※'이것이나 저것' 선택의 의미.

때 – 시간의 어느 순간 / 옷이나 몸에 묻은 더러운 물질.
떼 – 목적이나 행동을 같이하는 무리. ※떼로 몰려다니다.
　　　부당한 요구나 청을 들어 달라고 고집하는 짓. ※떼를 쓰다.

띠다 – 임무를 띠다. 색깔을 띠다.
띄다 – '뜨이다'의 준말 ※눈에 띄는 집 / 글자 사이를 벌리다.
띄우다 – 배, 편지를 띄우다.

(으)러 – 공부하러 간다. ※그 동작의 직접 목적을 표시하는 어미.
(으)려 – 서울에 가려 한다. ※그 동작을 하려고 하는 의도를 표시하는 어미.

(으)로서 – 사람으로서 그럴 수는 없다. ※'지위, 신분, 자격'을 의미.
(으)로써 – 닭으로써 꿩을 대신했다. ※'재료, 수단, 방법'을 의미.

매다 – 움직이지 못하게 묶다 / 논을 매다(풀을 뽑다).
메다 – 구멍이 막히다 / 어깨에 걸치다.

(으)므로 – 그가 나를 믿으므로 나도 그를 믿는다. ※까닭을 나타내는 어미.
음으로(써) – 그는 믿음으로(써) 산 보람을 느꼈다. ※명사형.

바치다 – 나라를 위해 목숨을 바치다.
받치다 – 우산을 받치고 간다 / 책받침을 받친다.
받히다 – 쇠뿔에 받혔다.
밭치다 – 술을 체에 밭친다.

반드시 – 약속은 반드시 지켜라. ※틀림없이, 꼭.
반듯이 – 고개를 반듯이 들어라. ※'비뚤어지지 않고 바르게'의 의미.

부딪치다 – 차와 차가 마주 부딪쳤다.

부딪히다 – 마차가 화물차에 부딪혔다. ※부딪침을 당함.

부치다 – 힘이 부치는 일이다 / 편지를 부친다 / 논밭을 부친다 /
　　　　빈대떡을 부친다 / 식목일에 부치는 글 / 회의에 부치는 안건.
붙이다 – 우표를 붙인다 / 책상을 벽에 붙였다 / 흥정을 붙인다 /
　　　　불을 붙인다 / 감시원을 붙인다 / 취미를 붙인다 / 별명을 붙인다.

새우다 – 밤을 새우다.
세우다 – 기둥을 세우다.

싸여 – 사방이 산으로 싸여 있다.
쌓여 – 눈이 많이 쌓였다.

아름 – 한 아름 되는 둘레. ※두 팔을 벌려서 껴안은 둘레의 길이.
알음 – 전부터 알음이 있는 사이. ※'알다'에 명사형 '~음'의 붙은 형태.
앎 – 앎이 힘이다. ※'알음'이 한 음절로 줄어든 형태.

안치다 – 밥을 짓기 위해 쌀을 안친다.
앉히다 – 자리에 앉힌다.

안 – '아니'의 준말. 나는 안 가겠다.

않 – '아니하'의 준말. 나는 가지 않겠다.

어름 – 바다와 하늘이 닿은 어름이 수평선이다. ※두 곳의 끝이 닿은 지점.

얼음 – 얼음이 얼었다.

업다 – 아이를 등에 업다.

엎다 – 물그릇을 땅에 엎다.

이따가 – 이따가 오너라. ※'나중에'의 의미.

있다가 – 돈은 있다가도 없다.

저리다 – 다친 다리가 저리다.

　　　　※몸의 어느 부분이 힘이 없고 감각이 둔한 상태.

절이다 – 배추를 소금에 절이다.

작다 – 크다의 반대. 키가 작다.

적다 – 많다의 반대. 밥이 너무 적다.

젓다 – 노를 젓다.

젖다 – 옷이 비에 젖다.

조리다 – 생선을 조린다. ※국물이 줄어들게 바짝 끓이다.

졸이다 – 마음을 졸인다. ※속을 태우다시피 초조하다.

주리다 – 여러 날을 주렸다. ※먹지 못해 배를 곯다.

줄이다 – 비용을 줄인다.

짓다 – 만든다. 집을 짓다.

짖다 – 개가 짖는다.

하노라고 – 하노라고 한 것이 이 모양이다.
　　　　　※말하는 이의 말로 '나름으로는 한다고'의 의미.

하느라고 – 공부하느라고 밤을 새웠다. ※'하는 일로 인해'의 의미.

해치다 – 나쁘게 하다. 호랑이가 사람을 해치다.

헤치다 – 양편으로 갈라지게 하다. 우거진 수풀을 헤치고 나아갔다.

참고한 도서와 문헌

《맞춤법과 문장 작법》, 미승우, 어문각
《글을 어떻게 쓸 것인가》, 이승훈, 문학아카데미
《글 고치기 전략》, 장하늘, 다산초당
《원고지 10장을 쓰는 힘》, 사이토 다카시, 루비박스
《책 사랑 문화 사랑》, 새마을문고 고양시지부
《말·글 잘하게 하는 국어 이야기》, 허준회·조준형·박성순, 좋은벗
'한글 맞춤법' 문교부 고시 제88-1호(1988. 1. 19)

아빠, 글쓰기 좀 가르쳐 주세요

1판 1쇄 펴냄 – 2016년 05월 25일
1판 3쇄 펴냄 – 2019년 09월 01일

지은이　　김래주
발행인 겸 편집인　　김낙봉
디자인　　디자인86 박현실
일러스트　　임채준
교　정　　우정민
인　쇄　　한영문화사
발행처　　가라뫼(북네스트)
출판등록　　제2016-000066호
주　소　　경기도 고양시 일산서구 강성로 232번길 16-2
전　화　　070-8200-6727
팩　스　　031-622-9863
독자문의　　laejoo@naver.com

ISBN 978-89-93409-10-9 43700
ⓒ김래주 2016

강과 산처럼 정직한 출판사 북네스트